FREMDE SPRACHEN IN DER GRUNDSCHULE

FREMDE SPRACHEN IN DER GRUNDSCHULE

Mit einem Vorwort des Sächsischen Staatsministers für Kultus,

Dr. Matthias Rößler

herausgegeben

von

Katrin Reichel, Uwe Sandfuchs und Bernhard Voss

KLINKHARDT

1997

VERLAG JULIUS KLINKHARDT · BAD HEILBRUNN

Die Deutsche Bibliothek – CIP-Einheitsaufnahme

Fremde Sprachen in der Grundschule / mit einem Vorw. des Sächsischen Staatsministers für Kultus Matthias Rößler. Hrsg. von Katrin Reichel ... - Bad Heilbrunn : Klinkhardt, 1997
ISBN 3–7815–0895–1

Gesamtherstellung: WB-Druck GmbH & Co. Buchproduktions-KG, Rieden
Printed in Germany 1997
Gedruckt auf chlorfrei gebleichtem alterungsbeständigem Papier
ISBN 3-7815-0895-1

Inhalt

Vorwort des Sächsischen Kultusministers Dr. Matthias Rößler

Veränderungen in der Lebenswirklichkeit der Kinder, Erfahrungen im Umgang mit Menschen unterschiedlicher kultureller Herkunft, die Konfrontation mit fremden Sprachen im Lebensalltag, die Vernetzung internationaler Prozesse und die Entwicklung in Europa erfordern multikulturelle Erziehung, Entwicklung von Achtung und Toleranz gegenüber Fremden, erfordern aber auch Erziehung zur Mehrsprachigkeit.

Dies sind Aufgaben, denen sich die Gesellschaft und die Schule der heutigen Zeit stellen müssen. Ein zeitgemäßes, leistungsfähiges Schulsystem, wie es in Sachsen auf Grundlage des Schulgesetzes 1992 geschaffen wurde, ist gekennzeichnet durch ein Fremdsprachenkonzept, das die Grundschule ebenso berücksichtigt wie alle anderen Schularten.

Im Wissen um die Tatsache, daß das Lernen fremder Sprachen in der Grundschule aufgrund verschiedener Modellversuche und Untersuchungen auch in anderen Bundesländern auf der Tagesordnung stand bzw. zum heutigen Zeitpunkt steht, wurde in Sachsen die Chance des Neubeginns, die Etablierung der Grundschule als eigenständige Schulart und damit verbunden die Einführung der neuen Lehrpläne, genutzt, die Begegnungssprache als verbindlichen Lernbereich für alle Schüler der Klassen 3 und 4 in die Stundentafel der Grundschule aufzunehmen.

Aufgrund der hohen Akzeptanz des Faches und auf Wunsch der Eltern und Kinder wird Begegnungssprache in den Grundschulen des Freistaates Sachsen heute bereits flächendeckend angeboten. Das Angebot der Begegnungssprache für alle Kinder der Klassen 3 und 4 bereichert durch seine Spezifik den ganzheitlichen, integrativen Ansatz des Unterrichts in der Grundschule.

Trotz der Schwierigkeiten, die im Schulalltag in diesem Zusammenhang bewältigt werden mußten und noch zu bewältigen sind, haben die Lehrerinnen und Lehrer, die Begegnungssprache unterrichten, dazu beigetragen, daß dieses Fach ein selbstverständlicher Bestandteil des Grundschulunterrichts geworden ist.

Ein Blick in die Schulpraxis macht deutlich, daß die Qualifikation der Lehrkräfte für die Umsetzung des Faches Begegnungssprache auf hohem Niveau von entscheidender Bedeutung ist. Hierzu sei angemerkt, daß die Qualifikation der Lehrkräfte begleitend zum bereits laufenden Unterricht erfolgt. Mit viel Engangement für das neue Fach werden die Fort- und Weiterbildungsmaßnahmen in Anspruch genommen.

Zur Begleitung der inhaltlichen Arbeit und Weiterentwicklung der Konzeption zur Begegnungssprache wurde Ende 1994 die Arbeitsgruppe "Begegnungssprache" gegründet, in der Mitarbeiter aller Schularten und des Referates Fort- und Weiterbildung, Fremdsprachenexperten aus der Praxis und Vertreter des Comeniusinstitutes zusammenarbeiten. Erste Ergebnisse der Arbeit liegen aufgrund einer erfolgten Ist-Stand-Analyse zum Fach Begegnungssprache vor. Damit ist der Zeitpunkt gekommen, gesammelte Erfahrungen auszuwerten und über mögliche Entwicklungen in der Zukunft nachzudenken.

Dazu war die Tagung "Fremde Sprachen in der Grundschule" im Oktober 1995 als gemeinsame Veranstaltung des Instituts für Schul- und Grundschulpädagogik der Technischen Universität Dresden und des Sächsischen Staatsministeriums für Kultus ein wichtiger Ausgangspunkt.

Dr. Matthias Rößler

Vorwort der Herausgeber

Frühes Fremdsprachenlernen ist kein neuer Gedanke. Seit der Frühaufklärung wurde er immer wieder diskutiert.[1] So hat beispielsweise Johann Amos Comenius, in dessen didaktischem Denken das Sprachenlernen den zentralen Platz einnahm, bereits in seiner Didacta Magna (1657) vorgeschlagen, dem Lernen der lateinischen Sprache ab dem 12. Lebensjahr das Lernen einer Nachbarsprache schon ab dem 8. Lebensjahr vorzuschalten. Dies sollte durch Diener, Lehrer oder Umgang geschehen. Ein Ergebnis der Arbeit von Angelika Kubanek-German ist: Verständnis für frühes Fremdsprachenlernen ist in der Regel mit einer interkulturellen Lebenssituation, das heißt einer mehrsprachigen Familiensituation und/oder einer Migrationssituation verbunden. Das Schicksal des frühen Europäers Comenius ist dafür nur ein Beispiel.

In der Weimarer Republik tritt als Motiv die Völkerverständigung, insbesondere mit dem Nachbarn und ehemaligen Kriegsgegner Frankreich, hinzu. Kubanek-German dokumentiert dies in einem bewegenden Bericht, den Kurt Tucholsky 1925 über die Verabschiedung eines Kindertransportes der Internationalen Arbeiterhilfe (S. 78) in der *Weltbühne* schrieb.

Inzwischen ist das frühe Fremdsprachenlernen binnen weniger Jahre von einem randständigen zu einer zentralen grundschulpädagogischen und fachdidaktischen Frage geworden. Die Zahl der Schüler, die bereits in der Grundschule mit dem Lernen einer Fremdsprache beginnen, steigt jährlich, zum Beispiel von 195.000 auf 311.000 in den Jahren 1992 bis 1994. In anderen europäischen Ländern sind ähnliche Entwicklungen zu beobachten, und der Europarat hat 1995 die Aufnahme von Fremdsprachen in die Primarschulcurricula empfohlen. In allen Bundesländern sind aus dieser Entwicklung schulorganisatorische Konsequenzen gezogen worden bzw. in Vorbereitung.

Der Themenbereich fremde Sprachen in der Grundschule ist allerdings noch erheblich facettenreicher. Die Frage, nach welchen Konzepten deutsche Kinder in die Anfänge einer fremden Sprache eingeführt werden können und welche Sprachen dies außer der übermächtigen *lingua franca* Englisch sein sollten, ist nur ein Teil des Themas. In den Grundschulen der Bundesrepublik lernen ca. 300.000 Kinder, das sind etwa 10 Prozent aller Grundschüler, Deutsch als Zweitsprache. Viele von ihnen lernen im sogenannten muttersprachlichen Ergänzungsunterricht ihre Muttersprache oder die Amtssprache ihres Herkunftslandes. Das Spektrum der Sprachen reicht von Türkisch bis Arabisch,

---

[1] Diese Diskussionen sind nachzulesen in der von Angelika Kubanek-German 1996 an der Katholischen Universität Eichstädt vorgelegten Habilitationsschrift mit dem Titel „Kindgemäßer Fremdsprachenunterricht. Zur Entwicklung eines Leitbegriffs früh beginnender fremdsprachlicher Lehre“.

Persisch oder Vietnamesisch. Diese inzwischen mehrsprachige Situation unserer Grundschulen hat seit längerem zu der Überlegung geführt, daß es der sozialen Integration und der interkulturellen Erziehung förderlich wäre, wenn deutsche Schüler an diesem Unterricht ihrer ausländischen Mitschüler teilnehmen könnten. Die konsequente Weiterführung dieses Gedankens ist die Einrichtung erster bilingualer Grundschulen in den letzten Jahren. Auch diese Aspekte werden hier ganz bewußt dokumentiert.

Der vorliegende Band ist aus einer gemeinsam vom Sächsischen Staatsministerium für Kultus und der Technischen Universität Dresden veranstalteten Tagung hervorgegangen, die das Thema „Fremde Sprachen in der Grundschule" aus der Sicht auf das Fach Begegnungssprache in Sachsen reflektiert hat. Um jedoch ein möglichst breites Spektrum theoretischer und vor allem praktischer Interessen zu befriedigen, ist der Band um mehrere Beiträge sowie eine Bibliographie und einen Anhang ergänzt worden. Unsere Absicht, auch einen Bericht der Kultusministerkonferenz zum Fremdsprachenlernen in der Grundschule den Anhang aufzunehmen, ließ sich nicht verwirklichen, da sich die Fertigstellung des Berichts verzögert hat.

Die Drucklegung dieses Bandes ist durch einen Druckkostenzuschuß des Sächsischen Staatsministeriums für Kultus ermöglicht worden. Herausgeber und Autoren sagen dafür ihren Dank.

Dresden, im November 1996 Die Herausgeber

Uwe Sandfuchs

Die Bedeutung des Lernens fremder Sprachen in der Grundschule

1. Die Ausgangsthese

Die wichtigste und folgenreichste inhaltliche Veränderung in der gegenwärtigen und zukünftigen Entwicklung unseres Schulwesens ist die stetig steigende Bedeutung des Lernens fremder Sprachen. Dies ist die zentrale These dieses Beitrages, die im folgenden entfaltet wird, indem erstens die Entwicklungen skizziert werden, die den Bedeutungswandel fremdsprachlichen Lernens ausmachen und begründen und zweitens die Konsequenzen für Ausmaß, Inhalte, Ziele, Methoden und Organisationsformen dargestellt werden, soweit sie sich für die allgemeinbildende Schule insgesamt und darüber hinaus für die Grundschule absehen lassen. Ich argumentiere dabei zum einen aus der Sicht des Schulpädagogen, der sich mit Schulentwicklung, mit Lehrplantheorie und mit Schulpraxis befaßt. Der Schulpädagoge blickt auf den gesellschaftlichen Wandel und fragt, welche Konsequenzen sich daraus für die Inhalte von Allgemeinbildung bzw. für die Inhalte und Ziele schulischen Lernens ergeben. Zum anderen ist die speziellere Sichtweise des interkulturellen Pädagogen relevant. Sie ist gekennzeichnet dadurch, daß Schüler und Eltern zu seiner Klientel gehören, deren Muttersprache bzw. Erstsprache nicht Deutsch, sondern eine fremde Sprache ist. Diese Sichtweise ist in der bislang monolingual geprägten deutschen Schule neu und führt zu völlig neuen Überlegungen.

2. Bedeutungswandel und gesellschaftliche Entwicklung: Migration und europäische Integration

Beginnen wir mit einem kurzen Rückblick in die Schulgeschichte der DDR und der Bundesrepublik.

Das erklärte schulpolitische Ziel der DDR ist, so formuliert die Volksbildungsministerin Margot Honecker, daß "alle Schüler eine Fremdsprache erlernen ... (und) alle Schüler die Grundlagen in der Beherrschung der russischen Sprache erwerben und nahezu zwei Drittel in einer weiteren Weltsprache" (Honecker 1978, S. 53). Das wird von der Ministerin als Beleg für "das hohe

Niveau der Allgemeinbildung in der Schule der DDR" gewertet. Zugleich gesteht die Ministerin ein, daß "ein zu großer Teil der Schüler am Ende der zehnten Klasse noch nicht ausreichend frei und zusammenhängend sprechen könne" (ebd.). Damit sind wesentliche Elemente der Situation des Fremdsprachenunterrichts in der DDR genannt bzw. angesprochen: Bereits Ende 1945 wird mit der Einrichtung eines einheitlichen Fremdsprachenunterrichts für alle Schüler - und auch für Studenten - begonnen. Ab 1948 wird Russisch generell erste Fremdsprache. Es soll so die Freundschaft zur Sowjetunion gefördert und der DDR-Jugend der Anschluß an den fortschrittlichen Entwicklungsstand der Sowjetunion ermöglicht werden (vgl. Christ/Hüllen 1995, S. 569f.). Unterschiedliche Faktoren (einheitlicher Unterricht, Westabgrenzung der DDR, Bevorzugung formaler Lehrverfahren u.a.) begrenzen allen Bemühungen zum Trotz den Erfolg des Unterrichts. Frühes Fremdsprachenlernen (Russisch) gibt es schon 1952 ab Klasse 3 an einigen Spezialschulen (vgl. Christ/Hüllen 1995, S. 569f.).

In der Bundesrepublik sind Fremdsprachen lange Zeit lediglich Bestandteil höherer Bildung, bis in den 60er Jahren im Rahmen einer umfassenden bildungspolitischen Neuorientierung Fremdsprachenlernen Bestandteil der Allgemeinbildung zu werden beginnt. In dieser Zeit (1965) beginnt übrigens auch der Pionier des fremdsprachlichen Lernens in der Grundschule, Peter Doyé, mit einem großangelegten Schulversuch (vgl. Doyé/Lüttge 1977), der allerdings zunächst folgenlos zu bleiben scheint.

Ein entscheidender Anstoß wird seit den siebziger Jahren durch die internationale Arbeitsmigration gegeben (vgl. Treibel 1990). In der Bundesrepublik werden ab 1955 ausländische Arbeitskräfte angeworben, weil wegen des Aufbaus der Bundeswehr und wegen verlängerter Schul- und Ausbildungszeiten der im Zeichen des Wirtschaftswunders hohe Arbeitskräftebedarf nicht aus eigener Kraft gedeckt werden kann. Nach Beendigung der innerdeutschen Ost-West-Wanderung 1961 steigt dieser Bedarf weiter (vgl. Kischkewitz/Reuter 1980, Mc Rae 1980, Rist 1980). Der "Anwerbestop" von 1973 beendet die Phase der Rotation "lediggehender" Arbeitnehmer. Familienzusammenführung, Geburtenüberschuß und steigende Aufenthaltsdauer der Migrantenfamilien lassen die Zahl der ausländischen Schüler rapide und permanent steigen (vgl. Sandfuchs 1980, S. 12 ff., 1989, S. 11 ff.). 1987 sind erstmals über 10 % der Schüler ausländischer Herkunft. Die deutsche Schule wird de facto multikulturell und multilingual. Es ist leicht vorstellbar, daß die ersten Reaktionen eher hilflos sind: Wer nicht deutsch kann, ist wohl auch nicht beschulbar. Wer "Nullanfänger" (so ein typischer Terminus) in der deutschen Sprache ist, gehört ins erste Schuljahr, mag er auch schon neun, zehn oder elf Jahre alt sein. "Vorbereitungsklassen" werden eingerichtet, sie dauern Jahr um Jahr und bereiten, weil sie nicht in das deutsche Schulwesen integrieren, eigentlich auf nichts vor. Die kurzschlüssige Devise der Zeit lautet: Ihre Muttersprache können die Kinder ja, also soll nichts sie vom Lernen der deutschen Sprache abhalten - auch die eigene Muttersprache nicht!

Alles in allem jedoch haben Schule und Lehrerschaft die Herausforderung erfolgreich angenommen. Ein breites Spektrum organisatorischer und didaktisch-methodischer Maßnahmen entsteht in engagierter Arbeit. Was das Sprachlernen anlangt, belehren uns Spracherwerbsforschung und praktische Erfahrungen recht bald: Nur wer in der Muttersprache, in seiner ersten Sprache, über Strukturen und Begriffe verfügt, kann, indem er diese überträgt oder kontrastiert, eine zweite Sprache richtig lernen. Mithin ist muttersprachlicher Unterricht für ausländische Kinder, der sogenannte Muttersprachliche Ergänzungsunterricht (vgl. BAGIV 1985 - Memorandum 1983) notwendiger Inhalt auch der Grundschule (vgl. dazu auch die Beiträge von Riccò und Priotto in diesem Band.). Dies ist eine eigentümliche Pointe und Variation des Themas dieses Bandes: Das Lernen fremder Sprachen ist bedeutsam für das Lernen der deutschen Sprache. Hunderttausende von Grundschülern lernen ihre Muttersprache nicht nur um ihrer selbst willen, sondern auch um mehrsprachig werden zu können. All das ist wichtig, weil die Anpassungspädagogik unter dem Leitmotiv "Vergeßt eure Sprache, vergeßt eure Kultur - lernt Deutsch und werdet deutsch" in die Irre geht. Wir haben nämlich auch die enorme Bedeutung der Herkunftskultur für die Persönlichkeitsentwicklung erkennen müssen. Die kulturelle Rolle ist die Basis der Persönlichkeit (vgl. Claessens 1972, Hüber 1989), man kann sie nicht ablegen, sondern nur modifizieren. Migranten können daher ihre Herkunftskultur - ihr ethnisches Selbstbewußtsein und Selbstverständnis - nicht aufgeben, ohne Schaden zu nehmen. Die Veränderung grundlegender kultureller Normen wirkt in aller Regel desorientierend und verwirrend (vgl. Inglehart 1995, S. 22). Das gilt neben Religion bzw. Weltanschauung vor allem für ihre Sprache als wichtigstes Mittel menschlicher Weltbemächtigung (Gehlen 1966). Aktive, selbstbewußte kulturelle Integration sowie interkulturelles Lernen setzt mithin den Erhalt von wesentlichen Elementen der Herkunftskultur voraus.

Ein weiterer wesentlicher Einflußfaktor ist der *europäische Einigungsprozeß*. Im geeinten Europa sollen und werden zunehmend Menschen unterschiedlicher nationaler, ethnischer, weltanschaulicher, religiöser und sprachlicher Herkunft miteinander leben und arbeiten. Um sich zu verständigen und um Verständnis füreinander entwickeln zu können, ist Mehrsprachigkeit nötig. Anders kann interkulturelles Denken nicht entstehen. Die Bildungspolitik der Europäischen Union richtet sich zudem auf den Erhalt der „kleinen“ Sprachen innerhalb der Gemeinschaft. Ein wesentlicher Grund dafür ist: eine positive Einstellung zu Europa setzt den Erhalt der Regionalkulturen voraus. Wie bei den Arbeitsemigranten gilt auch hier: Offenheit für andere Sprachen und Kulturen setzt die Sicherheit und selbstbewußte Ausübung der eigenen Kultur voraus. Zusammenfassend können wir von einer Internationalisierung der Bildung sprechen. National zentrierte Bildungskonzeptionen haben sich überlebt (vgl. Gogolin 1994). Mehrsprachigkeit und interkulturelle Bildung sind Grundpfeiler der Allgemeinbildung geworden.

3. Schulische Konsequenzen

Das hat wesentliche Konsequenzen für Quantität und Qualität des Fremdsprachenunterrichts, für Inhalte, Ziele, Methoden und Organisationsformen fremdsprachlichen Lernens. Diese Konsequenzen sind teilweise noch bildungspolitisches Postulat. Dies ist u.a. und vor allem an folgenden bildungspolitischen Dokumenten ablesbar:

1. Am Beschluß der Kultusministerkonferenz (KMK) zu einem neuen Grundkonzept für den Fremdsprachenunterricht vom 7.10.1994 (s. Anlage), dem dazugehörigen Gutachten "Gegebenheiten und Vorschläge zur Weiterentwicklung des Fremdsprachenunterrichts" samt Anlagenband,
2. dem Bericht der Europäischen Union über die Schulbildung von Migrantenkindern vom 25.3.1994,
3. der Denkschrift einer vom Ministerpräsidenten des Landes Nordrhein-Westfalen, Johannes Rau, einberufenen unabhängigen internationalen Bildungskommission "Zukunft der Bildung - Schule der Zukunft" (1995).

Zum anderen aber sprechen wir über Prozesse, die bereits Teil der Schulwirklichkeit sind:

- Bis vor kurzer Zeit war in der Bundesrepublik Fremdsprachenunterricht traditionell und ohne weitere Begründung - z.B. entwicklungspsychologischer Art - Bestandteil höherer, weiterführender Bildung. Der quantitativen und qualitativen Ausweitung fremder Sprachen entspricht nun auch eine Verlagerung des Lernens fremder Sprachen in die Grundschule. In Niedersachsen wurden z.B. die positiven Ergebnisse langjähriger Schulversuche (ab 1965!) Anfang der achtziger Jahre noch kommentarlos zu den schulpolitischen Akten gelegt (vgl. Doyé/Lüttge 1977), inzwischen ist frühes Fremdsprachenlernen zentraler Bestandteil der Grundschulreform in allen Bundesländern (vgl. Bludau 1993 - Doyé 1991, 1993 - Ermert 1991). Auch für die Vorschule wird fremdsprachliches Lernen angeregt.
- Der traditionelle Kanon, der z.B. im Hamburger Abkommen (1955) vereinbarten Fremdsprachen, hat sich erweitert - vor allem um die Herkunftssprachen von Arbeitsmigranten und um die Sprachen der an die Bundesländer jeweils angrenzenden Nachbarstaaten. Das der KMK erstattete Gutachten

enthält eine Vielzahl unkonventioneller Vorschläge zur Sprachenfolge, die auch auf eine Verringerung der Dominanz der englischen Sprache abzielen.

- Die Muttersprache der ausländischen Schüler wird bei den Schulabschlüssen am Ende der Sekundarstufe I und zum Teil auch im Abitur als erste oder zweite Fremdsprache anerkannt.
- Die KMK zielt eine Erhöhung der vom einzelnen zu lernenden Fremdsprachen auf mindestens drei an - sofern jemand Abitur macht. Das der KMK erstattete Gutachten schlägt daher eine Verkürzung der Lehrgänge in den einzelnen Sprachen auf maximal fünf Jahre vor. Zugleich wird vorgeschlagen, Kompaktkurse in Lehrgänge einzubauen, längerfristige Auslandsaufenthalte und Kontakte zu ausländischen Schülern zu intensivieren.
- Die Einrichtung bilingualer Zweige oder Schulen nimmt zu (1978/9 = 27, 1991/92 = 126). Die Tendenz ist in der Sekundarstufe I weiter steigend und erfaßt nun auch die Grundschule (vgl. Kästner 1993). Zweisprachige Bildungsgänge gehen in der Fremdsprache über die Anforderungen des "üblichen" Fremdsprachenunterrichts hinaus. Die Schüler sollen befähigt werden, Sachverhalte und Zusammenhänge in verschiedenen Wissensgebieten in beiden Sprachen darzustellen. Dabei wird ein Grundmodell variiert, indem
  1. zunächst die Zielfremdsprache mit erhöhter Stundenzahl erlernt wird und
  2. diese Fremdsprache Unterrichtssprache (allein oder zweisprachig) in mindestens einem nichtsprachlichen Fach wird.

Das verlangt in der Regel einen *native speaker* als Lehrer. In Fächern wie Geschichte und Geographie z.B. ändern sich die Inhalte, indem Geschichte und Geographie des je anderen Landes oder je anderen Sprachraumes einbezogen werden (vgl. Wode/Burmeister 1991). Ich kann das hier nicht ausführen, aber es wandeln sich auch die Methoden des Unterrichts sowie die Organisationsformen und das gesamte Schulleben. Der Schulalltag wird in bilingualen Schulen weitgehend bestimmt von der gewandelten Bedeutung fremdsprachlichen Lernens (vgl. Sandfuchs 1996). Die Inhalte und Ziele des Unterrichts werden z.T. bilateral vereinbart, so daß z.B. deutsches Abitur und französisches Baccalaureat zugleich erworben werden oder die bei der Hochschulzulassung im fremden Land üblichen Kurse und Prüfungen entfallen.

Zusammenfassend läßt sich die Entwicklung auch darstellen unter den Stichworten *Diversifizierung, Intensivierung* und *Anwendungsbezug* (vgl. Bliesener u.a. 1994).

Diversifizierung meint zum einen eine Erweiterung des Fremdsprachenangebots über die traditionellen Schulfremdsprachen hinaus; gemeint sind *alle* europäischen Sprachen, auch die "kleinen", insbesondere die Sprachen von Nachbarstaaten, darüber hinaus sind die Migrantensprachen gemeint. Zum anderen heißt Diversifizierung, daß viele, auch unkonventionelle Sprachkombinationen, wählbar sein müssen (vgl. Gutachten 1994, Anlagenband, S. 12ff.).

Zur *Intensivierung* fremdsprachlichen Lernens wird angestrebt

- der frühe Beginn fremdsprachlichen Lernens, in jedem Fall bereits in der Grundschule, teilweise auch schon in vorschulischen Einrichtungen;
- eine Ausweitung des fremdsprachlichen Lernens auf alle Schulformen und Schulstufen;
- die Erhöhung der Zahl der zu lernenden Fremdsprachen, die unter anderem durch unterschiedliche Kursformen (Grund-, Ergänzungs- und Vertiefungslehrgang) und Lehrgangsdauer ermöglicht werden soll;
- die Vermittlung einer wesentlich erhöhten fremdsprachlichen Kompetenz durch bilinguale Bildungsangebote.

Anwendungsbezug meint, daß Fremdsprachenwahl und Fremdsprachenvermittlung bestimmt sein sollen durch Nutzbarmachung in der Lebensrealität: im Alltag, in der interkulturellen Kommunikation und fachlich in Ausbildung, Studium und Beruf.

4. Schlußbemerkungen

Analog zur wachsenden Bedeutung fremdsprachlichen Lernens in der Schule sind Maßnahmen und Einrichtungen in der Lehrerausbildung und in der Lehrerfort- und -weiterbildung unabdingbar, sonst ist nicht zu leisten, was erwartet wird. Wenn sich gravierende Veränderungen in unseren Schulen vollziehen, dann müssen hinreichend viele Lehrer dafür grundlegend ausgebildet werden und/oder sich hinreichend fort- und weiterbilden können.

Die Entwicklung des Fremdsprachenunterrichts in den deutschen Schulen war wesentlich beeinflußt durch Wilhelm von Humboldts Theorie einer Bildung durch Sprache. Er betrachtete jede Sprache als eine Form der Weltsicht. "Die Erlernung einer fremden Sprache sollte (...) die Gewinnung eines neuen Standpunktes in der bisherigen Weltsicht seyn und ist es in der That bis auf einen gewissen Grad, da jede Sprache das ganze Gewebe der Begriffe und die Vorstellungsweise eines Theils der Menschheit enthält." (Humboldt 1830-35/1969, S. 434) - Es ist beruhigend und ermutigend zugleich, wenn wir in einem auf die gesellschaftliche Zukunft gerichteten Tun durch einen Klassiker bestärkt werden.

Literatur

BAGIV (Bundesarbeitsgemeinschaft der Immigrantenverbände in der BRD und Berlin/West e.V., Hrsg., 1985): Muttersprachlicher Unterricht in der Bundesrepublik Deutschland. Hamburg (ebv Rissen).

Bericht über die Schulbildung von Migrantenkindern in der Europäischen Union. Erstattet von der Kommission der Europäischen Gemeinschaft. Brüssel 1994.

Bildungskommission NRW: Zukunft der Bildung - Schule der Zukunft. Denkschrift der Kommission "Zukunft der Bildung - Schule der Zukunft" beim Ministerpräsidenten des Landes Nordrhein-Westfalen. Neuwied 1995.

Bliesener, U./Christ, I./ Kästner, H.: Zum Fremdsprachenunterricht in der Bundesrepublik Deutschland. Gegebenheiten und Vorschläge zur Weiterentwicklung. Gutachten im Auftrage des Schulausschusses der KMK. Bonn 1994.

Bludau, M.: Der frühbeginnende Fremdsprachenunterricht in den Ländern der Bundesrepublik Deutschland - Eine Dokumentation. In: Neusprachliche Mitteilungen aus Wissenschaft und Praxis 1993, S. 74-85.

Brusch, W.: Fremdsprachenunterricht in der Grundschule - nach welchem Konzept? In: Neusprachliche Mitteilungen aus Wissenschaft und Praxis 2/1993, S. 95-101.

Butzkamm, W.: Zur Methodik des Unterrichts an bilingualen Zweigen. In: Zeitschrift für Fremdsprachenforschung 1/1992, S. 8-30.

Christ, H. u.a. (Hg.): Fremdsprachenpolitik in Europa. Hamburger Empfehlungen für eine sprachenteilige Gesellschaft, Augsburg 1980.

Christ, H.: Der Standort Deutschland und seine Sprachen. In: Neusprachliche Mitteilungen aus Wissenschaft und Praxis 4/1994, S. 208-210.

Christ, H./Hüllen, W.: Geschichte des Fremdsprachenunterrichts seit 1945. In: Bausch, K.-R. u.a. (Hg.): Handbuch Fremdsprachenunterricht. Tübingen ^{3}1995, S. 565-573.

Claessens, D.: Familie und Wertsystem, Berlin ^{3}1972.

Doyé, P./Lüttge, D.: Untersuchungen zum Englischunterricht in der Grundschule. Bericht über das Forschungsprojekt FEU. Braunschweig 1977.

Doyé, P.: Systematischer Fremdsprachenunterricht vs. Begegnung mit Fremdsprachen. In: Neusprachliche Mitteilungen aus Wissenschaft und Praxis 3/1991, S. 145 f.

Doyé, P.: Fremdsprachenerziehung in der Grundschule. In: Zeitschrift für Fremdsprachenforschung 1/1993, S. 48-90.

Ermert, K. (Hg.): Frühes Fremdsprachenlernen - Schulreform für Europa (Loccumer Protokolle 63/1990). Loccum 1991.

Gogolin, I.: Der monolinguale Habitus der multilingualen Schule. Münster 1994.

Honecker, M.: Der gesellschaftliche Auftrag unserer Schule. In: Referat des Ministers für Volksbildung auf dem VIII. Pädagogischen Kongreß. Berlin 1978.

Humboldt, W. v.: Über die Verschiedenheit des menschlichen Sprachbaues und ihren Einfluß auf die geistige Entwicklung des Menschengeschlechts (1830-35). In: Flitner, A.; Giel, K. (Hg.): Werke in fünf Bänden, Bd. 3. Darmstadt ³1969.

Kästner, H.: Zweisprachige Bildungsgänge an Schulen in der Bundesrepublik Deutschland. In: Die Neueren Sprachen H. 1/2, 1993, S. 23-53.

Kischkewitz; Reuter: Bildungspolitik zweiter Klasse? Frankfurt/M. 1980.

Mc Rae, V.: Die Gastarbeiter. Daten, Fakten, Probleme. München 1980.

Memorandum zum Muttersprachlichen Unterricht. In: Deutsch lernen 1/1983, S. 75ff.

Riccò, A.; Sandfuchs, U.: Scuola italo-tedesca per l´Europa. In: Grundschule 12/1993, S. 29-30.

Rist, R.C.: Die ungewisse Zukunft der Gastarbeiter. Eingewanderte Bevölkerungsgruppen verändern Wirtschaft und Gesellschaft. Stuttgart 1980.

Sandfuchs, U.: Lehren und Lernen mit Ausländerkindern. Bad Heilbrunn 1980.

Sandfuchs, U.: Umrisse interkultureller Erziehung. In: Die Neue Gesellschaft. Frankfurter Hefte 12/1986, S. 1147-1153.

Sandfuchs, U.: Ausländische Kinder in der Grundschule. Versuch einer Bestandsaufnahme. In: Grundschule 9/1989, S. 10-13.

Sandfuchs, U.: Bilinguale Erziehung in der Grundschule. In: Wissenschaftliche Zeitschrift der Technischen Universität Dresden 2/1996, S. 17-22.

Sauer, H.: Fremdsprachlicher Frühbeginn in der Diskussion - Skizze einer historischen Standortbestimmung. In: Neusprachliche Mitteilungen aus Wissenschaft und Praxis 2/1993, S. 85-94.

Sprachliche Begegnung und fremdsprachliches Lernen in der Grundschule. Ergebnisse einer Fachtagung. Hg. v. Landesinstitut für Schule und Weiterbildung. Soest 1990.

Thürmann, E./Otten, E.: Begegnung mit Sprachen in der Grundschule und interkulturelle Erziehung. In: Pädagogik und Schule in Ost und West. 4/1992, S. 220-230.

Überlegungen zu einem Grundkonzept für den Fremdsprachenunterricht. Beschluß der Kultusministerkonferenz vom 7.10.1994.

Inglehart, R.: Kultureller Umbruch. Wertewandel in der westlichen Welt, Frankfurt a. M. 1995.

Gehlen, A.: Der Mensch, seine Natur und seine Stellung in der Welt (1940), Frankfurt a. M. ⁸1966.

Treibel, A.: Migration in modernen Gesellschaften. Soziale Folgen von Einwanderung und Gastarbeit, Weinheim 1990.

Wode, H./Burmeister, P. (Hg.): Erfahrungen aus der Praxis bilingualen Unterrichts. Beiträge vom Symposion "Mehrsprachiger Unterricht in Europa", Kiel 1991.

Huber, H.: Sozial- und kulturanthropologische Theorien zur Sozialisationsforschung. In: Trommsdorff, G. (Hg.): Sozialisation im Kulturvergleich, Stuttgart 1989.

Bernd Voss

Positionen, Probleme, Perspektiven fremdsprachlichen Lernens in der Grundschule - Ein Überblick

0. Einleitung

Die Grundschule von heute kann nicht mehr nur der Hort der Muttersprache sein. Vielmehr hat sich die Erkenntnis durchgesetzt, daß eine erste Hinführung zur "Normalität des Fremden" (Hunfeld 1992) durchaus auf dieser Stufe schon ihren Anfang finden könne und müsse[1]. Wie die "Empfehlungen zur Arbeit in der Grundschule" der Kultusministerkonferenz (1970, i.d.F. von 1994) ebenso wie die Regelungen zum Fremdsprachenangebot der Grundschulen in den einzelnen Bundesländern (Dokumentation s. Bludau 1993) zeigen, herrscht grundsätzliche Übereinstimmung in der Einschätzung, daß bereits auf dieser Stufe ein Fremdsprachenangebot gemacht werden kann und soll.

Allerdings bestehen in der tatsächlichen Durchführung erhebliche Unterschiede in Umfang, Grad der Verbindlichkeit, Zielsetzung, Adressaten-kreis, Sprachenwahl, Vorstellungen zur Weiterführung auf der Sekundarstufe, vom Lehrpersonal und manchen anderen Fragen.

Ein Versuch, das Feld zu systematisieren, läßt 4 verschieden akzentuierte Grundpositionen mit insgesamt 7 Spielarten erkennen, die sich in der folgenden Übersicht darstellen lassen:

Fremdsprachenangebot in der Grundschule

1. als Begegnungssprache
1.1. "Lerne die Sprache des Nachbarn"
1.2. Begegnung mit Sprache(n)

2. als "Language Awareness"

3. als bilingualer Unterricht/Verbindung Sprach- und Sachunterricht/(Teil)-Immersion

4. als Sprachunterricht
4.1. (grundschulgemäßer) Fremdsprachenunterricht
4.2. Frühbeginn des Fremdsprachenunterrichts
4.3. Frühbeginn des Fremdsprachenunterrichts als Leistungsprofil

Es ist das Ziel dieses Beitrags, diese verschiedenen Positionen des Fremdsprachenlernens in der Grundschule darzustellen, zu erläutern und zu kommentieren, einen Aufriß der Probleme zu geben und Perspektiven aufzuzeigen, um vor einem solchen Hintergrund zur Herausbildung und Weiterentwicklung angemessener und tragfähiger Konzepte für einen ersten Kontakt mit einer Fremdsprache auf der Primarstufe beizutragen.

1. Fremdsprachenangebot in der Grundschule als Begegnungssprache

Das Begegnungssprachenkonzept bezieht seine Motivation aus der unbestreitbaren Tatsache, daß wir *de facto* in einer multilingualen und multikulturellen (Um)Welt leben, ohne uns dessen vielleicht bisher hinreichend bewußt geworden zu sein. Eine bewußte Begegnung mit anderen Sprachen, Kulturen und natürlich ihren Sprechern gehört zu dem Erfahrungshorizont, den auch die Grundschule schon ihren Schülern erschließen muß. Prototypisch für diese Grundposition ist die Betonung des Gelegenheitscharakters der Begegnungsphasen, auf eine systematische sprachliche Schulung im Sinne eines Lehrgangs in der Fremdsprache wird verzichtet, die Ziele sind eher im interkulturellen, affektiven und kognitiven Bereich zu suchen, in der Stundentafel der Kinder taucht dieser Unterricht nicht unbedingt auf.

1.1. Eine Ausprägung des Begegnungssprachenkonzepts ist bekannt geworden unter der völkerverbindenden Zielsetzung "Lerne die Sprache des Nachbarn" (Pelz 1989). In den grenznahen Regionen beschäftigen sich die Kinder (in grundschulgemäßer Form) mit dem jeweiligen Nachbarland, seiner Sprache und Kultur, bereiten sich auf tatsächliche Begegnungen mit Kindern auf der anderen Seite der Grenze vor und führen diese in Form von wechselseitigen Besuchen und Partnerschaften grenzüberschreitend durch. Anlaß für Besuche sind häufig genug regionale oder lokale Feierlichkeiten, auch im Rahmen von Orts- oder Schulpartnerschaften. Dieses Konzept ist besonders mit der Fremdsprache Französisch und dem Grenzbereich Deutschland/Frankreich verbunden.

Die Attraktivität dieser Variante liegt zweifellos in der Authentizität der Begegnungssituation, die der schulischen Beschäftigung mit der Fremdsprache einen offensichtlichen Sinn und eine natürliche Ausrichtung verleiht. Kommunikative sowie musisch-kreative Fähigkeiten werden gefördert, da sie einen hohen praktischen (und damit unmittelbar einsichtigen) Stellenwert für die Gestaltung der Direktbegegnungen (etwa 8 pro Jahr) haben. Sprachliche Mittel werden nicht nach einer sprachimmanenten Systematik vermittelt und erworben, sondern anlaßbedingt zum Erreichen wesentlich interkultureller Ziele.

1.2. Die zweite Spielart des Begegnungssprachenkonzeptes wird insbesondere in Nordrhein-Westfalen propagiert und als "Begegnung mit Sprachen" (cf Bebermeier 1992, Haenisch/Thürmann 1994) bezeichnet. Die Formulierung zeigt, daß der Akzent hier nicht auf der Begegnungssituation mit ihren grenzüberschreitenden Besuchen liegt, sondern auf der Entdeckung und Erschließung fremder Sprache(n) und Kultur(en) im eigenen unmittelbaren Umfeld. Es geht somit nicht nur um Nachbarsprachen wie Französisch, Niederländisch oder Dänisch, sondern auch um die Sprachen der Kinder sprachlicher und kultureller Minoritäten in der eigenen Klasse sowie die Weltsprache Englisch (letztere vor allem dort, wo durch Stationierung von NATO Truppen direkte Begegnungen mit Engländern oder Amerikanern möglich sind). Ausschlaggebend für die Wahl der Sprache sollte immer ihre unmittelbare Präsenz innerhalb und außerhalb der Schule sein und damit die unmittelbare Beziehung des einzelnen Kindes, nicht ihre Bedeutung für den Unterricht auf der Sekundarstufe oder für die zukünftige berufliche Karriere. Wie Bebermeier (1992:14) betont, handelt es sich um einen vorfachlichen, integrativen Ansatz, bei dem sich sprachliches und interkulturelles Lernen gegenseitig stützen.

Da in der Stundentafel keine Stunden ausdrücklich hierfür ausgewiesen sind (für die erste und zweite Klasse sind je 20 Min, für die dritte und vierte Klasse bis zu 45 Min. pro Woche aus dem vorhandenen Stundenbudget vorgesehen), muß man sich die Begegnungsphasen als Gelegenheitsunterricht vorstellen, der an konkret gegebene Anlässe anknüpft (z.B. Erlebnisse der Kinder aus Umwelt und/oder Medien). Deutlich wird eine sozio-kulturelle Orientierung auf ggfs mehr als eine Sprache; allerdings wird vor einem oberflächlichen "Language Awareness" Modell ausdrücklich gewarnt (cf Bebermeier 1994:46). Trotz ständiger Hinweise auf die Unangemessenheit fremdsprachendidaktischer Vorstellungen[2] - gemeint sind wohl veraltete, unangebrachte Vorstellungen eines geschlossenen Curriculums mit eng vorbestimmter sprachlicher Progression - zeigen die als Beispiele aufgeführten kleinen, grundschulgerecht aufbereiteten Lernmodule (cf Bebermeier 1992) deutliche methodische Ähnlichkeiten mit aktuellen Vorstellungen von einem grundschulgemäßen Fremdsprachenunterricht (s.u.); allerdings wird auf jede (sprachliche) Zielvorgabe verzichtet.

2. Fremdsprachenangebot in der Grundschule als "Language Awareness"

Trotz einer Reihe von Ähnlichkeiten mit der gerade beschriebenen Version des Begegnungssprachenmodells ist es sinnvoll, die Zielvorstellung der Entwicklung einer "Language Awareness" als besonderes Konzept zu betrachten. Es wird üblicherweise (cf Hegele 1994:13, Hellweg 1995:28) auf Hawkins einflußreiche, die Situation in Großbritannien ansprechende Darstellung zurückgeführt, die 1984 zuerst erschienen ist und sich in weitumfassendem Anspruch generell auf die Förderung sprachlicher Sensibilität und sprachlichen Bewußtseins bezieht. Das Konzept ist nicht auf das Lernen fremder Sprachen im Grundschulbereich beschränkt, sondern betrifft alle Fächer und ist für alle Alterstufen wichtig. Es kann als Aufforderung zu einer reflexiven kontrastiven Auseinandersetzung mit mehreren Sprachen und Kulturen verstanden werden, da auch der bewußte Vergleich mit der Muttersprache einbezogen wird. Wie Hellweg erläutert (1995:28), steckt in dem Konzept eine affektive Komponente, insofern eine positive Einstellung zu und Interesse an sprachlichen und kulturellen Phänomenen geweckt werden sollen, eine soziale Komponente, insofern die Entwicklung einer (sprachlichen und kulturellen) Toleranz befördert wird, eine politisch-kritische Komponente, insofern eine Erziehung zu kritischen Einsichten in die manipulativen Möglichkeiten von Sprache z.B. in Werbung und/oder Politik angestrebt wird, eine kognitive Komponente, insofern Strukturiertheit von Sprache und ihre konventionsgebundene Anwendung bewußt gemacht werden soll, und eine performative Komponente, insofern durch Umgang mit Sprache und durch ihren bewußten Gebrauch eine Sensibilisierung für Sprache generell erreicht werden soll.

Die Attraktivität des "Language Awareness" Modells liegt in der Kraft seiner Durchdringung aller Bereiche schulischer Erziehung, in seinem offensichtlichen Bemühen, Integration mit Bewahrung der Eigenständigkeit der Sprach- und Kulturgruppen einer Gesellschaft zu vereinen, in seinem Anliegen, Sprache als Werkzeug menschlichen Geistes faßbar zu machen in einer Welt, deren Mediendurchsetzung und Reizüberflutung unsere Kinder zu manipulierbaren, nur noch reagierenden Teleflaneuren und Slalomsehern zu machen droht. Es ist auch attraktiv, weil es besonders nachdrücklich deutlich macht, daß hier Fähigkeiten, Einstellungen und Einsichten entwickelt werden sollen, die ja immer nur individuell erlebbar sind und nicht durch das mechanische Abarbeiten eines vorgegeben Kanons an fremd- versus eigensprachlichen, fremd- versus eigenkulturellen Lerngegenständen sozusagen automatisch induziert werden können.

Gleichwohl ist die Offenheit dieses Ansatzes, sein hoher Abstraktionsgrad, aber auch sein umfassender Anspruch nicht unproblematisch. Es fällt auf, daß vergleichbare Vorstellungen in neueren fremdsprachendidaktischen Darstellungen generell als Unterfütterung für offenere, schülerzentrierte, dem Lernen lernen zugewandte curriculare Entwürfe für den Fremdsprachenunterricht verwendet werden (cf Multhaup/Wolff 1992, Bleyhl 1996), ohne sich unbedingt von Hawkins herzuleiten oder grundschulspezifisch zu sein. So bringt Andresen (1996) in seiner Beschreibung der Einbeziehung von mehrsprachigen Paralleltexten der Europäischen Union in den Englischunterricht ein Beispiel aus dem Gymnasialbereich, das gut in eine solche Konzeption passen würde, wenn er selbst auch den Begriff nicht verwendet. Es fällt auch auf, daß viele der Argumentationsstränge in älteren englischen Darstellungen zu Fremdsprachen im Grundschulbereich sowie für schwache Lerner (!) (cf Perren 1973) zu finden sind[3], ohne daß man hier von breiten Erfolgen reden könnte.

Wenn die hier gegebene Darstellung eine gewisse Skepsis diesem Ansatz gegenüber hat durchscheinen lassen, so bezieht sie sich eher auf die Implementierung als auf das für sich selbst sehr einleuchtende Konzept. Es ist schwer, sich dem Eindruck zu entziehen, daß dies insbesondere für den Grundschulbereich eine massive Überforderung sein könnte, daß es vielleicht eher dem muttersprachlichen Bereich zuzuordnen wäre, daß es auch Gefahr laufen könnte, durch die Ausrichtung auf mehrere Sprachen zur Verwirrung der Schüler beizutragen und eher zu einem unverbindlichen sprachlichen Flanieren zu führen als zu der Bereitschaft, sich auf eine andere Sprache und Kultur wirklich einzulassen. Aber vielleicht sind hier die Möglichkeiten ja auch noch nicht ausgeschöpft.

3. Fremdsprachenangebot in der Grundschule als bilingualer Unterricht

Die dritte deutlich unterscheidbare Grundposition zum Fremdsprachenangebot in der Grundschule bezieht ihre Vorstellungen aus dem Erfahrungsbereich des natürlichen Zweitsprachenerwerbs, in welchem sich immer wieder zeigen läßt, daß die meisten Kinder ohne größere Probleme in der Lage sind, sich in einer anderen als ihrer Muttersprache zurechtzufinden und diese schnell parallel zur Muttersprache instrumental für inhaltsbezogene Tätigkeiten (wie Lernen von Sachinhalten) zu verwenden, soweit ihnen ein angemessenes sprachliches Umfeld angeboten werden kann. Die Grundhaltung läßt sich beschreiben als Überzeugung, daß man eine Sprache nicht lernt, indem man sie zum Unterrichtsgegenstand macht, sondern dadurch, daß man sich ihrer möglichst schnell bedient und die Fertigkeiten im Gebrauch der Sprache durch Gebrauchen weiterentwickelt, also letztlich eine Art von *learning-by-doing* Philosophie. Besonders bekannt geworden sind hier die Berichte über die kanadischen

Immersionsprogramme für Vorschulkinder, bei denen die Kinder phasenweise über Tage hin ganztägig in ein fremdsprachliches Umfeld eintauchen konnten (cf Lambert 1982)[4].

Totale Immersion, d.h. Unterricht in allen Fächern durch das Medium der Zielsprache, kann für ein Schulwesen, das ja unter anderem auch der Pflege der Muttersprache verpflichtet sein muß, wohl nur ein Ausnahmefall sein.[5] Teilimmersion, also Unterricht eines oder mehrerer Sachfächer des schulischen Bildungskanons in der Fremdsprache, ist allerdings ein sehr populäres Konzept geworden, insbesondere an Gymnasien, an denen immer mehr bilinguale Zweige eingerichtet werden. Inzwischen gibt es solche Verbindungen von Sprach- und Sachunterricht auch an Realschulen, und das Beispiel der deutsch-italienischen Grundschule in Wolfsburg (Sandfuchs 1994) zeigt, daß auch im Grundschulbereich bilinguale Erziehung möglich ist, ohne daß man automatisch von einem Modell nur für eine elitäre Minderheit reden müßte.

Die Attraktivität dieses Konzeptes liegt in der Schaffung einer Sprachlernsituation (Fremdsprachenkontakt in Form eines Eintauchens in ein reichhaltiges sprachliches Umfeld), die dem natürlichen Erwerb einer Zweitsprache nahekommt, indem neue Sachverhalte fächerübergreifend durch das Medium einer Fremdsprache erarbeitet werden. Die Sprache wird somit als Werkzeug erlebt, in dessen immer sicherere Handhabung man durch seinen zweckgerichteten Gebrauch hineinwächst. Wie Krashen (1989:8) ausführt, sind gerade von Erwerbsprozessen - im Gegensatz zu Lernprozessen in engeren Sinne - besonders nachhaltige Effekte auf die Entwicklung von (Fremd)Sprachkompetenzen zu erwarten, und die z.T. erstaunlichen fremdsprachlichen Fertigkeiten von Schülern bilingualer Zweige scheinen ihm Recht zu geben.

4. Fremdsprachenangebot in der Grundschule als Sprachunterricht

Im Gegensatz zu den beiden ersten Modellen, deren Hauptinteressenslagen eher im allgemeinen, erzieherischen, interkulturellen Bereich zu sehen sind und die weniger deutliche (fremd)sprachliche Zielsetzungen haben, bedeutet der bilinguale Ansatz eine Akzentverschiebung hin zu einer deutlichen Gewichtung der Frage der erreichten und erreichbaren fremdsprachlichen Kompetenz. Dies Interesse dominiert auch bei der vierten Grundposition, bei welcher das Fremdsprachenangebot in der Grundschule verstanden wird als eine Chance, die spontane, natürliche, ganzheitlich-imitativ orientierte Sprachlernbegabung der Kinder im Grundschulalter für ein frühes effektives Erlernen einer Fremdsprache auszunutzen, bevor mit der weiteren Altersentwicklung des Kindes dieser intuitive Zugang zu einer (Fremd)Sprache nicht mehr in dem Maße offensteht und immer stärker - und meist durchaus mühsamer - der kognitive Weg, also der Weg über bewußtes Lernen im Gegensatz zum unbewußten Erwerb, gegangen werden muß. Man könnte diese Position auch als ein Aufgreifen der Frage verstehen, warum eigentlich der Fremdsprachenunterricht bei uns erst im 5. Schuljahr beginnt, wo die Voraussetzungen für effektives Sprachenlernen doch schon vorher und für die meisten Kinder auch leichter gegeben sind. Allen Ausprägungen des Fremdsprachenangebots an Grundschulen als (Fremd)-Sprachenunterricht gemeinsam ist die Vorstellung, daß die erreichte Sprachkompetenz auf der Sekundarstufe aufgenommen und angemessen weiterentwickelt wird.

4.1. Eine zur Zeit umfangreich diskutierte Variante dieses Ansatzes (cf Hellwig 1994, Hegele 1994, Brusch 1993, Bliesener 1992) besteht in der Vorstellung, den Fremdsprachenunterricht in grundschulgemäßer Form in der Grundschule beginnen zu lassen, wobei eben dieser Grundschulgemäßheit besondere Aufmerksamkeit gewidmet wird. Darunter wird u.a. das Ersetzen einer Benotung durch eine Beschreibung des erreichten sprachlichen Repertoires verstanden, ein offenes, modulares Curriculum (im Gegensatz zu einem eher linearen Lehrgangskonzept) sowie eine Ausrichtung auf kindgemäße, kindtypische und kindorientierte Arbeitsformen ("Spielen und Lernen" Hellweg 1995).

Unterstützung erhält diese Variante auch durch die umfangreichen Erfahrungen mit Fremdsprachenunterricht im Grundschulbereich, die seit über einem halben Jahrhundert an Waldorf-Schulen vorliegen, zu deren pädagogischem Konzept es bekanntlich gehört, die Kinder von der ersten Klasse an zwei Fremdsprachen (meist Englisch/Französisch, aber auch Englisch/Russisch) im Stil der Waldorfpädagogik lernen zu lassen (cf Jaffke 1993). Weder in der breiten Öffentlichkeit noch in der fremdsprachendidaktischen Fachwelt scheint diese Form grundschulgemäßen Fremdsprachenunterrichtes, der keineswegs etwas Besonderes für eine bestimmte Zielgruppe sein will, sondern mit großer Selbstverständlichkeit für alle durchgeführt wird, hinreichend bekannt zu sein und gebührend gewürdigt zu werden.

Die Attraktivität des Konzeptes "Grundschulgemäßer Fremdsprachenunterricht" liegt in dem Versuch, natürliche Sprachlerngegebenheiten für ein Fremdsprachenlernen nutzbar zu machen, das allen Lernenden offensteht, in grundschuladäquater Form ergebnisorientiert ist wie andere Lernbereiche der Grundschule auch und, ebenfalls wie die anderen Lernbereiche, Grundlagen legt für eine Fortsetzung in den weiterführenden Schulen. Die dominante Wahl des Englischen als Fremdsprache im Grundschulbereich belegt im übrigen, daß in den Augen der Abnehmer (Kinder, Eltern) der Nützlichkeitsgesichtspunkt, der

Marktwert der Sprache und die Möglichkeit der Weiterführung des Sprachunterrichts in der Sekundarstufe entscheidende Gesichtspunkte sind.

4.2. Ein ähnliches, wenn auch etwas engeres Konzept unterliegt der Vorstellung von einem Frühbeginn des (üblicherweise in Lehrgangsform angelegten) Fremdsprachenunterrichts, wie er in den Schulversuchen der 60ger und 70ger Jahre als durchaus erfolgreich durchführbar dokumentiert wurde (cf Sauer 1975, Doyé 1977) und wie er z.B. in Österreich praktiziert zu werden scheint (cf Seebauer 1996). Beabsichtigt ist ein systematischer Fremdsprachenunterricht, der hier eben nicht wie sonst üblich in Klasse 5 beginnt, sondern bereits in der Primarstufe (meist im dritten Schuljahr) einsetzt und als Grundlage für bessere Sprachlernerfolge in der weiteren schulischen Laufbahn der Kinder gesehen wird.

Die Attraktivität dieses Modells liegt u.a. in dem Versuch, eine klare, durchgängige Gesamtkonzeption des Fremdsprachenunterrichts über die Schulstufen hinweg zu entwickeln. Anstatt sich in der Grundschule vorfachlich mit einer positiven Prädisposition zum Fremdsprachenlernen zufrieden zu geben (wie in einigen der oben dargestellten Modelle), soll hier vorgezogener (fremdsprachlicher) Fachunterricht erteilt werden, in welchem die Kinder im Rahmen der zur Verfügung stehenden Zeit möglichst viel Fremdsprache lernen. Sie sollen so ihre eigene Leistungsfähigkeit in der Fremdsprache erleben, aus ihren Erfolgen Motivation für ihr weiteres Sprachenlernen beziehen und durch den frühen Beginn zu besseren Ergebnissen im schulischen Fremdsprachenlernen insgesamt kommen.

Wie aktuelle Diskussionen zeigen (cf Doyé 1991, Pelz 1992, Bebermeier 1992, 1994), wird an diesem Modell kritisiert, zu sehr vom Fach her konzipierter, lehrgangsgebundener Fremdsprachenunterricht zu sein, nur jetzt vorverlegt in den Grundschulbereich, ohne die Lernsituation der Grundschüler und ihre Belange hinreichend zu berücksichtigen, also zu wenig grundschulgemäß zu sein. Allerdings mag es sich beim Ziel dieser Kritik um eine Abstraktion handeln, deren Berechtigung durchaus bestritten wird (cf Brusch 1993).

4.3. Als dritte Variante des Fremdsprachenangebots an Grundschulen in Form von Sprachunterricht schließlich kann das Modell gelten, im Interesse einer intensiven fremdsprachlichen Bildung besonders sprachbegabter Kinder bereits im Grundschulbereich Förderungsmöglichkeiten an bestimmten Schulen mit "erweitertem" (d.h. die Klassen 3 und 4 einbeziehendem) Fremdsprachenunterricht als sprachlichem Profil vorzusehen, mit entsprechender Fortsetzung in der weiterführenden Schule. Hier wäre der Frühbeginn des Fremdsprachenunterrichts als Leistungsprofil zur 'Elite-Förderung' im fremdsprachlichen Bereich anzusehen, parallel zu vergleichbaren frühen Fördermaßnahmen im Bereich des Sports, der Musik etc. Es ist dies ein Konzept, das u.a. in der DDR zur Förderung des Russisch-Lernens (und der Heranbildung zukünftiger Russischlehrer) ab 1957 an Spezialschulen (R-Schulen) praktiziert wurde.[6] (cf Hellwig 1994:20; Bahls 1991; Bahls/Philipp 1992).

Die Attraktivität dieser Variante beruht auf der intensiven Förderung, die hier leistungsstarken sprachbegabten Kindern schon auf der Grundschule zuteil wird. Es ist anderseits offensichtlich, daß dies nur für eine kleine Minderheit ein tragfähiges Konzept sein kann.[7] In der derzeitigen Diskussion um das Fremdsprachenangebot in der Grundschule spielt es - zu Recht oder zu Unrecht - keine besondere Rolle.

5. Ziele

Der Versuch eines Überblicks über die verschiedenen Modelle zeigt die größten Unterschiede im Bereich der Ziele, die sich zwar alle im Spannungsfeld von interkulturellen, sprachsensibilisierenden und sprachfertigkeitsorientierten Zielvorstellungen bewegen, aber - trotz aller Überlappung - verschieden nah an den einzelnen Eckpunkten dieses Koordinatensystems liegen[8].

Die Reihenfolge der Darstellung der Positionen zeigt eine deutliche Akzentverschiebung von den erst- zu den letztgenannten Schwerpunkten der Ausbildung, und es wird wenig überraschen, daß die jeweiligen Vertreter einer Position bei den anderen dann jeweils das Fehlen oder die unzureichende Ausprägung des von ihnen für wichtiger gehaltenen Aspektes bedauern. So wird aus der Sicht der bilingualen Erziehung sowie des Sprachunterrichtskonzepts bei den anderen Positionen die sprachliche Unverbindlichkeit, die undeutliche oder sogar fehlende sprachliche Zielvorstellung bemängelt, wodurch das Fremdsprachenangebot an der Grundschule nicht mehr sei als eine unnötig umständliche und langwierige Anwärmphase, deren Wert durch Ignorieren der Weiterführungsfrage oder sogar durch ausdrückliches Abkoppeln von der weiterführenden Schule beeinträchtigt werde. Demgegenüber wird aus der Sicht der Begegnungssprachen- sowie "Language Awareness"-Konzeptionen bei der bilingualen Erziehung sowie den sprachunterrichtsorientierten Positionen eine Überbetonung der sprachlichen Seite sowie eine Vernachlässigung der generellen Sensibilisierung für kulturelle und sprachliche Erscheinungen ausgemacht und für besonders kritikwürdig gehalten, wodurch das Fremdsprachenangebot an Grundschulen nicht mehr sei als eine unbedarfte Vorverlegung von Ausbildungsvorstellungen, die für die Sekundarstufe angemessener seien.

Wie angedeutet, muß man die beschriebenen Unterschiede nicht als unvereinbare Gegensätze sehen, sondern eher als unterschiedliche Akzentuierungen von Aspekten, die grundsätzlich in allen Ansätzen angelegt sind. Entsprechend häufen sich die Stimmen, sich um eine praktikable Balance zwischen den interkulturellen, sprachsensibilisierenden und sprachfertigkeitsorientierten Aspekten zu bemühen (cf Bliesener 1992; Schröder 1993; Doyé 1993; Hellwig 1994). Eine Vernachlässigung oder sogar Ausklammerung einer der drei Komponenten wird dagegen mit guten Gründen als defizitär und unangemessen kritisiert.[9]

6. Methodische Prinzipien

Während es bei der Beschreibung der Zielvorstellungen deutliche, tatsächliche oder angenommene Unterschiede gibt, läßt sich mehr Übereinstimmung bei den Methoden bzw. den ihnen unterliegenden Prinzipien beobachten, deren Grundschulgemäßheit allenthalben eingefordert wird und über deren Charakteristika weitgehend Konsens zu herrschen scheint.

Ausgangspunkt müsse immer der Schüler sein, dessen Lernpotentiale, Lerninteressen, Lernwege und Lernziele mit ihm zusammen zu entwickeln seien, eine deutliche Lernerorientierung also, die durchaus im Gegensatz gesehen wird zu Vorstellungen von einem lernerunabhängig nach fachimmanenten Kriterien zusammengestellten Lehrgangskonzept, dem sich die Kinder unterzuordnen hätten. Es geht um mündlich-kommunikative Tätigkeiten mit der Sprache eher als um schriftliche und/oder formorientierte Teilfertigkeiten. Der Unterricht sei motorisch-handlungsorientiert, so daß die Kinder durch eine bewußte Einbeziehung körperlicher Bewegungen und Handlungen ihren natürlichen Bewegungsdrang einbringen und für das Sprachenlernen nutzbar machen können. Es handelt sich bei dieser Forderung übrigens um eine altbewährte Praxis, die seit einiger Zeit durch Ashers "Total Physical Response" Verfahren (cf Asher 1969) für den Fremdsprachenunterricht generell eine erneute Begründung und Aktualisierung erfahren hat. Das Prinzip der Anschaulichkeit sei zu beachten, z.B. durch Verwendung von (Hand)Puppen, Einbeziehung des natürlichen Jahresrhythmus in die Unterrichtsgestaltung, durch Einbringen realer Gegenstände (z.B. "echte" Nahrungsmittel), durch Herbeiführen von authentischen Begegnungssituationen. Auch Ganzheitlichkeit des Unterrichts wird vielfach eingefordert, womit gemeint ist, daß der Unterricht nicht einseitig kognitiv konzipiert werden solle, sondern daß auch das praktische, soziale, affektive Lernen seinen Platz haben müsse: Singen, Spielen, Raten, Basteln, Entdecken, Konstruieren, Sammeln, Ordnen, Lernen mit Kopf, Herz und Hand ermögliche die sinnlichen Erfahrungen, auf denen Sprachenlernen beruhe.

Das am häufigsten genannte methodische Prinzip ist zweifellos der Aspekt des Spielerischen. Wer beobachten kann, wie sich Kinder im Rahmen von selbstbestimmten Tätigkeiten, welche die Erwachsenen "Spiel" zu nennen geneigt sind, da sie häufig wiederholend und wenig zielstrebig zu sein scheinen, ihre Umwelt erobern, ihre eigenen Fertigkeiten entwickeln, ihre eigenen Entdeckungen machen, wird diesem Prinzip sicher zustimmen können. Hellwig (1995) gibt in diesem Zusammenhang auf der Basis von Überlegungen zum gehirngerechten Lernen (aktive Einbeziehung beider Gehirnhälften in den Lernprozeß) eine besondere Begründung für die von ihm favorisierte "Spielen und Lernen" - Konzeption. Wenn mit "Spiel" allerdings eine nur für dieses Klassenzimmer gültige Welt voller englischsprechender Teddybären und anderer Fantasiefiguren gemeint wäre, die keinen Platz ließe für die wirklichen Vertreter der fremden Sprache in der realen Welt, wäre Doyés kritische Anmerkung (1993:62) nötig. Etwas kontroverser mag seine Einlassung sein, die Kinder müßten sicher auch irgendwann das Arbeiten beigebracht bekommen (1993:66). Diese per se unbestreitbare Forderung sagt wenig aus über grundschulgemäße Arbeitsformen und geht vermutlich von einer eher erwachsenengeprägten Trennung von Spiel und Arbeit aus, die für Kinder im Grundschulalter so nicht gegeben sein muß[10].

Als letztes methodisches Prinzip sei die Frage der einsprachigen Unterrichtsführung angeschnitten, die als Forderung generell für den Unterricht in den modernen Fremdsprachen angesehen werden kann. Wie Bebermeier (1992:16 ff Kap.I 5 "Sind die englischsprachigen Lerngelegenheiten einsprachig zu gestalten") noch einmal auch für den Grundschulbereich darlegt, kann man eine fremde Sprache kaum lernen, indem man sie aus dem Unterrichtsgeschehen ausklammert, sondern nur, indem man sie gebraucht. In den fremdsprachigen Lernphasen bewegen sich Schüler und Lehrer also in der fremden Sprache, soweit es die Situation zuläßt. Es geht um eine reichhaltige sprachliche Umgebung, in welcher die fremde Sprache auch als Werkzeug erfahren werden können soll (z.B. Verwendung der Fremdsprache zum Begleiten und Auslösen von Unterrichtsroutinen; cf Doyé 1993:67). Die sprachlichen Anforderungen an die Lehrer sind damit entsprechend hoch.

7. Problemfelder

Der Überblick über Konzepte, Ziele und Methoden eines Fremdsprachenangebots in der Grundschule hat eine Reihe von Problemfeldern aufgezeigt, die deutlichen Einfluß auf Art und Ergebnis des ersten Kontaktes mit einer Fremdsprache haben und die hier noch einmal angeschnitten werden sollen, soweit sie nicht schon im Laufe der Darstellung diskutiert worden sind.

7.1. Curriculare Einbindung

Typische Unterschiede in Art und Ergebnis des Fremdsprachenangebots an Grundschulen ergeben sich aus den Unterschieden im Umfang der zur Verfügung gestellten Zeit, wobei die Einordnung innerhalb oder außerhalb der bisherigen Stundentafel dabei auch finanzpolitischen Einflüssen unterliegen dürfte. Ähnlich unterschiedliche Auswirkungen zeigen sich in der Art der Einbindung in das Curriculum der Grundschule, wo die Fremdsprache als separates Fach geführt werden kann, oder in die anderen Lernbereiche integriert werden soll, oder beides anstreben mag. Auch der stark variierende Grad der Verbindlichkeit, je nach Modell als ad-hoc-Unterricht oder als systematische Hinführung unterschiedlich, aber auch unterschiedlich hinsichtlich des Stellenwertes als flächendeckende Pflichtaufgabe für alle Schulen eines Landes oder als punktuelles, experimentelles Kann-Angebot für einige, führt zu unterschiedlichen Ergebnissen für den einzelnen Schüler ebenso wie für die Frage, wieviel Schüler denn nun im Grundschulbereich mit einer Fremdsprache bereits Kontakt hatten.

In diesem Zusammenhang mag daran erinnert werden, daß die Vorstellungen von einem offenen, modularen im Gegensatz zu einem geschlossenen, linearen Curriculum es Wert sein könnten, weiter verfolgt zu werden, um einen sinnvollen Weg zwischen den Extremen einer wahllosen Zufälligkeit und einer scheinbar bis ins Detail vorherbestimmbaren Verbindlichkeit zu finden.

7.2. Adressaten

Ein zweiter Bereich, in welchem konzeptionelle Vorgaben offensichtlichen Einfluß auf Art und Durchführung des Fremdsprachenangebots haben, bezieht sich auf die Auswahl der Schüler. Die Entscheidung, dies Angebot für alle Schüler zu machen, nicht nur für eine sprachinteressierte und sprachbegabte Minderheit, läßt spätestens hier die Vorstellung von einem geschlossenen Lehrgang als unangemessen erscheinen.

7.3. Lehrer

Ein dritter Bereich, der offensichtlich von den konzeptionellen Vorgaben massiv berührt wird, sind die unterschiedlichen und z.T. sehr anspruchsvollen Anforderungen, die jeweils an die Lehrer gestellt werden. Es wird, je nach Modell in stärkerer oder schwächerer Ausprägung, erwartet,

- daß die Lehrer die Fremdsprache so beherrschen, daß sie die Unterrichtssituation damit abdecken können,
- daß sie eine kindgemäße Sprache anbieten können,
- daß sie über authentische Kinderaktivitäten aus dem Land der Zielsprache ebenso wie generell über kulturelle Verhaltens- und Denkmuster informiert sind,
- daß sie etwas Atmosphäre aus dem Land der Zielsprache verbreiten können,
- daß sie Wege kulturkontrastiven Arbeitens kennen,
- daß sie sprachübergreifende Kenntnisse in mehreren Sprachen im Vergleich zur Muttersprache einsetzen können,
- daß sie darüber hinaus eigentlich nicht Fachlehrer sein sollen, die von außen kommen und damit der Beschäftigung mit der Fremdsprache den Hauch des Exotischen verleihen, sondern
- daß all dies als "Normalität des Fremden" von den Klassenlehrern mitgeliefert wird.

Die Auflistung zeigt, daß dies ein höchst anspruchvolles Qualifikationsprofil ist, das sich kaum von selbst, nebenbei oder ohne besondere Ausbildung einstellen dürfte. Die Praxis allerdings sieht so aus, daß in allen Bundesländern der weitaus überwiegende Anteil des Fremdsprachenangebots an Grundschulen von Lehrern durchgeführt wird, die keine Ausbildung für diesen Bereich haben, die mit ihrer Ausbildung für andere Lernbereiche der Grundschule vergleichbar wäre.

Diese pauschale Äußerung soll weder die Bemühungen einzelner Kultusministerien im Bereich der Lehrerfortbildung sowie insbesondere die häufig von großem persönlichen Engagement geprägten Aktivitäten nicht weniger Grundschullehrer in diesem Bereich diskreditieren. Anregungen wie die, sein Englisch an der Volkshochschule aufzufrischen (Bebermeier 1992: 23) oder Fortbildungskurse in Großbritannien zu besuchen (ibd) oder auch ggfs einmal den "Mut zur Unbefangenheit" (Bebermeier 1994:39) zu haben, sind sicher gangbare Wege, Fremdsprachenangebote an Grundschulen mit Lehrern zu machen, die hierfür nicht ausgebildet sind. Ähnlich ist der Versuch in Sachsen zu sehen, durch Fortbildungsmaßnahmen, bei denen Lehrer das VHS-Zertifikat erwerben, eine kurze didaktische Schulung durchlaufen und eine abschließende Lehrprobe ablegen (cf Reichel, in diesem Band), auf breiter Ebene erst einmal eine Art Minimalniveau im Ausbildungsstand der Lehrkräfte und damit auch für den

Unterricht an den Schulen zu erreichen. Darüber hinaus werden an vielen Stellen Lehrerhandreichungen und Unterrichtsmodelle erarbeitet, die gute Dienste leisten.

Man würde Maßnahmen dieser Art, die sicherlich auch Lehrkräften Mut machen sollen, sich überhaupt an diese Aufgabe heranzuwagen, vorbehaltsloser begrüßen, wenn sie nicht Gefahr liefen, nicht für ein Durchgangsstadium gehalten zu werden, sondern für ein Endziel. Daher sei hier daran erinnert, daß z.B. die Teilnehmer an der sächsischen Fortbildung trotz VHS-Zertifikat ihre größten Probleme - wenig verwunderlich - im *sprachlichen* Bereich sehen (Reichel, in diesem Band). Ähnlich zeigt eine Untersuchung in NRW (Haenisch/Thürmann 1994:66), daß die Lehrer ihre sprachlichen Unzulänglichkeiten als störend empfinden, daß ihre meist auf der Schule erworbenen Sprachkenntnisse für die Durchführung einer "Begegnung mit Sprachen" nicht ausreichen und daß Angebote zum Erwerb oder zur Vertiefung fremdsprachlicher Kompetenzen stark nachgefragt werden.[11]

So lobenswert also jede Qualifikationsmaßnahme, jeder Kurs, jede Veranstaltung ist, die dem Lehrer hilft, sich mit der Aufgabe zu identifizieren, sich ihr gewachsen zu fühlen und somit eine positive Ausstrahlung auf den Unterricht zu bewirken, so können sie nicht als Ersatz, nur als Teil umfassender Nachqualifikationsmaßnahmen Bestand haben. Kein Bundesland kann sich langfristig leisten, Fremdsprachen an den Grundschulen haben zu wollen und gleichzeitig sich nicht der Aufgabe zu stellen, dem entsprechenden Nachholbedarf nachzukommen in begleitender Lehrerfortbildung, in der Nachqualifikation mit dem Ziel des Erwerbs einer Lehrbefähigung in einem zusätzlichen Lernbereich sowie in der bodenständigen Lehrerausbildung, wo die Möglichkeiten, sich als zukünftiger Grundschullehrer mit Fremdsprache(n) zu befassen, derzeit keineswegs weit verbreitet sind. Wenn es gute Gründe dafür gibt, daß die Kinder in anderen Lernbereichen von fachlich dafür ausgebildeten Lehrern betreut werden, wäre schwer nachvollziehbar, warum dies für Fremdsprachen an Grundschulen nicht nötig sein sollte.[12]

7.4. Sprachenwahl

Der vierte Bereich, der als Problemfeld angesehen werden muß, ist die Frage der Sprachenwahl. Das Begegnungssprachenkonzept "Lerne die Sprache des Nachbarn" betont die regionale Nachbarschaft als Auswahlprinzip (vorwiegend Französisch, selten Niederländisch, Dänisch). Im Rahmen der Konzepte einer Begegnung mit und Sensibilisierung für Fremdsprachen ist im Prinzip eine freie Wahl möglicherweise auch mehrerer Sprachen vorgesehen, wobei insbesondere die Herkunftssprachen von Kindern anderer Muttersprachen eine Rolle spielen sollen. Bei den mehr sprachunterrichtsorientierten Konzepten spielt die Fortsetzung in der weiterführenden Schule eine besondere Rolle und führt zu einer verstärkten Berücksichtigung der üblichen Schulsprachen (Englisch, Französisch).

Die Wahl der Sprache(n) wird in der Praxis ebenfalls zwangsläufig beeinflußt (i) durch das Angebot, d.h. die Sprachen, welche die Lehrer anbieten können, (ii) durch die Nachfrage, d.h. die Wünsche und das Wahlverhalten der Kinder (und ihrer Eltern). Im quantitativen Gesamtüberblick dominiert als Fremdsprache im Grundschulbereich bei weitem Englisch, mit großem Abstand gefolgt von Französisch; alle anderen Sprachen spielen mengenmäßig nur eine marginale Rolle.

Es braucht hier nicht ausführlich begründet zu werden, warum die massive Dominanz einer Sprache eine unangebrachte Verengung bedeuten kann, die den Zielen des Hineinwachsens in eine mehrsprachige Welt kultureller Vielfalt entgegenläuft. Es braucht auch nicht der Widerspruch kommentiert zu werden, daß gerade Englisch trotz seiner derzeitigen allgegenwärtigen Durchdringung des täglichen Lebens in den meisten Gegenden eher wenig Möglichkeiten des persönlichen Kontaktes mit muttersprachlichen Sprechern dieser Sprache bietet (was sonst als wichtiges Zeichen einer grundschulgemäßen Vorgehensweise gilt), während die Sprache des in derselben Klasse sitzenden Kindes anderer Muttersprache, oder auch zur Zeit der Nachbarländer Polen und Tschechien, weniger reizvoll (und wertvoll?) zu sein scheint. Es hilft auch nicht sehr viel weiter, zu bedauern, daß die Untermauerung der dominanten Wahl des Englischen durch die Schüler und ihre Eltern meist weniger mit grundschulbezogenen Konzepten als mit den Sprachen der weiterführenden Schulen zu tun hat, für die sie sich einen guten Start erhoffen.

Vielmehr muß die faktische Dominanz des Englischen Anlaß für gestaltende Überlegungen und Maßnahmen werden, welche die hohe Akzeptanz des Englischen u.a. als Ausdruck eines berechtigten Gefühls für Chancengleichheit verstehen, da es für alle Kinder Fremdsprache ist; welche Unterscheidungen einbringen zwischen einer Leitsprache wie Englisch und Kontakt- oder Herkunftssprachen wie Französisch oder Italienisch, die jeweils aus anderen Gründen und mit anderen Zielen gelernt werden können; und welche schließlich dafür sorgen, daß durch Ausblicke auf und Einblicke in mindestens eine über die im Vordergrund stehende Fremdsprache hinaus "Fenster" geöffnet werden (cf Haenisch/Thürmann 1994:66), welche die Monokultur der einen Fremdsprache überwinden helfen.

7.5. Übergang zu weiterführenden Schulen

Der letzte und in seinen praktischen Konsequenzen möglicherweise weitgreifendste Problemkreis schließlich ist die Frage der Verbindung zwischen dem Fremdsprachenangebot in der Grundschule und dem Fremdsprachenunterricht an den weiterführenden Schulen. Während die Begegnungssprachen- und "Language Awareness"- Modelle die Frage der Weiterführung ausblenden und z.T. definitiv ablehnen, gehen die anderen Positionen in mehr oder weniger deutlicher Form von einer Weiterführung aus und sind damit in Verwirklichung und Sprachenwahl hiervon abhängig.

Wenn man nicht die hiermit zweifellos verbundenen administrativen Probleme zum Anlaß nehmen will, ein Fremdsprachenangebot an Grundschulen für unmöglich zu erklären[13], wird es sicher unterschiedliche, auch regional variierende Lösungen geben können und müssen. Unbestreitbar und gemeinsam allerdings ist, daß der Fremdsprachenunterricht zu Beginn der Sekundarstufe neu konzipiert werden muß, und zwar nicht in Form von "Rücksichtnahme" auf die bereits mit Elementen einer fremden Sprache vertrauten Kinder, sondern in Form einer positiven Aufnahme und Weiterentwicklung der in der Grundschule erworbenen Einsichten, Einstellungen, Fähigkeiten und Fertigkeiten. Die hierfür nötigen Kontakte zwischen den Schulstufen könnten dabei vielleicht auch dazu beitragen, methodischen Prinzipien wie den in Kap.6 aufgeführten, die sich weitgehend mit den Forderungen eines zeitgemäßen Fremdsprachenunterrichts auch für ältere Schüler decken, auch auf der Sekundarstufe etwas mehr Gehör zu verschaffen.

8. Perspektiven

Die Forderung nach Einbeziehung auch einer fremdsprachlichen Bildung in den Bildungsauftrag einer Grundschule für die heutige Zeit wird von niemandem mehr ernsthaft bestritten. Die Darstellung der Positionen, der Ziele, der Methoden und der Problemfelder hat gezeigt, welche Wege schon gegangen worden sind und wo noch offene Fragen sind. So versteht sie sich als Informationshintergrund, wenn es nun um das Herauskristallisieren gangbarer zukünftiger Entwicklungen geht, wobei den Lehrern (und der Lehrerbildung) eine zentrale Rolle zukommt.

Es ist erfreulich festzustellen, daß die Frage der fremdsprachlichen Bildung an Grundschulen in den letzten Jahren in der öffentlichen Meinung ebenso wie in der Bildungspolitik verstärkt aufgegriffen worden ist und neue Impulse erfahren hat. Dabei ist sie bekanntlich keineswegs neu. Schon 1969 formulierte Stern:

"...the acquisition of a foreign language must become part of the basic literacy of the child on a par with reading and writing... If education is to reflect the realities with which we have to live, other languages and other cultures should impinge on children from the earliest stage of formal education". (1969:26)

Dem ist nichts hinzuzufügen. Es gibt noch viel zu tun: Packen wir's an.

Anmerkungen

1 Zu den verschiedenen Begründungen für einen ersten Kontakt mit Fremdsprache(n) spätestens im Grundschulalter s.ausführliche Darstellung in Doyé 1993.

2 cf Bebermeier 1992:13, 16; 1994:39 oder Haenisch/Thürmann 1994:6. Die Vorstellung eines offenen Curriculums ist wohl kaum als neu anzusehen. Aber vielleicht läßt sich vor einem prototypischen "Feindbild", auch wenn es nicht der aktuellen Wirklichkeit entspricht, die eigene Position besser darstellen.

3 "More importantly the language element could introduce European languages which pupils might not otherwise meet at school, and thence through contrastive studies of vocabulary and structure (including reference to English) aim to induce a greater sensitivity towards language in general and English in particular" (Morley 1973:53)

4 Es mag hier doch die Anmerkung erlaubt sein, daß trotz der häufig beeindruckenden sprachlichen Erfolge der Aspekt der interkulturellen Erziehung wohl nicht automatisch gleichsam als Nebenprodukt mitgeliefert wird, wenn man sieht, daß die Autonomiebestrebungen der Provinz Quebec (oder auch die Frage des Zusammenhalts des zweisprachigen Belgiens) keineswegs einer überwundenen Vergangenheit anzugehören scheinen.

5 Gleichwohl bedeutet die nachvollziehbare Ethnozentrik eines Schulwesens allerdings für die gar nicht so wenigen Schüler mit anderen Muttersprachen eine meist unreflektiert als selbstverständlich angesehene Totalimmersion.

6 Seit 1976 auch Englisch und Französisch, diese Sprachen aber nur an der Herder-Schule in Berlin.

7 Wie Bahls (1991:79) anmerkt, haben pikanterweise beide ehemaligen deutschen Staaten hier jeweils fast systemwidrig zu nennende Entwicklungen durchlaufen: Die alte BRD mit ihrem auf Selektion angelegten dreigliedrigen Schulwesen will, wenn überhaupt im Grundschulbereich, dann Fremdsprachen für alle; die DDR ringt um die Einheitsschule, eröffnet aber selektiv für leistungsstarke Schüler bereits im Grundschulbereich einen gesonderten Bildungsweg.

8 Es sei angemerkt, daß diese drei Eckpunkte generell in der fremdsprachendidaktischen Diskussion auch für die weiterführenden Schulen eine große Rolle spielen. Allerdings bedürfen sie für den Grundschulbereich einer Differenzierung. Wie bei der Darstellung des "Language Awareness"-Konzeptes bereits angedeutet, ist die Affinität zu Vorstellungen vom Sprachenlernen, wie sie in Begriffen wie "Prozeß- versus Produktorientierung", "prozedurales Lernen", "Lernen lernen" etc gefaßt werden (cf Wolff 1992; auch Otten 1992), nicht zu übersehen und sollte eigentlich auch in der Diskussion des Sprachenlernens im Grundschulbereich eine deutlichere Rolle spielen.

9 Vor dem Hintergrund vielleicht überraschender Aussagen wie derjenigen, daß im Rahmen des Begegnungssprachenkonzepts entwickelte Lernmodule sich in der Praxis kaum von entsprechenden innerhalb eines Modells "Grundschulgemäßer Fremdsprachenunterrichts"

unterscheiden (cf Hellwig 1994:47), mag man fragen, welchen Wert eine solche allgemeine Zieldiskussion hat, wenn sie auf die praktische Arbeit vor Ort wenig Einfluß zu haben scheint. Es sei hier postuliert, daß solche Diskussionen helfen können, Einseitigkeiten zu vermeiden, sich der Komplexität der Aufgabe zu vergewissern und damit als Richtschnüre für pädagogisches Handeln zu dienen, dessen Konkretisierung im Unterrichtsvollzug immer wieder neu erarbeitet werden muß.

10 Doyé legt die Interpretation "Spiel = als ob, Arbeit = reales Tätigkeitsfeld" nahe. Kinder hätten ein Interesse auch an der Wirklichkeit, nicht nur an der Welt der Fantasie. Dies ist zweifellos richtig, nur erleben Kinder ihre Spiele meist gar nicht als "als ob", sondern als ihre momentane Wirklichkeit. Wenn allerdings der zentrale Unterschied zwischen Spiel und Arbeit in der Selbstbestimmtheit des ersten, der Fremdbestimmtheit des zweiten Konzeptes gesehen wird, würde dies dem vorangestellten Prinzip der Lernerorientiertheit diametral zuwiderlaufen.

11 Es sei hier angemerkt, daß authentisches Sprachverhalten 5-10jähriger Kinder der Zielsprache für uns als erwachsene Lehrer in diesem Land gar nicht so einfach zugänglich ist, wie ohnehin natürliches Sprachverhalten auch in einer Kinder gegenüber angemessenen Erwachsenensprache eine Menge persönlicher Sprachkontakts-Erfahrung voraussetzt.

12 Wie Martin & Mitchell (1993) berichten, ist der Einsatz von ausländischen Lehramtsassistenten (Foreign Language Assistants) zwar eine interessante Bereicherung des Sprachenkontaktes in der Grundschule, aber kein Ersatz für eine gezielte Lehrerausbildung.

13 Ein Blick in die Literatur zum Fremdsprachenunterricht an Grundschulen aus den Schulversuchen der 60ger und 70ger Jahre (cf Sauer ed 1975) legt den Verdacht nahe, daß die schulorganisatorischen Probleme der Weiterführung als Mittel herhalten mußten, um den damals flächendeckend eigentlich nicht gewollten Grundschul-Fremdsprachenunterricht im Sande verlaufen zu lassen.

Bibliographische Hinweise

[unter besonderer Berücksichtigung neuerer Zeitschriftenliteratur aus dem Bereich der Fremdsprachendidaktik]

Andresen, Dierk: Lernziel 'Europakompetenz' im Englischunterricht. Vier Übungen - und warum man sie einsetzen sollte. In: Praxis, 3/1996, S. 246-250.

Asher, James J.: The Total Physical Response Technique of Learning 1969. Nachdruck in: Batz, Richard & Bufe, Waltraud (ed 1991): Moderne Sprachlehrmethoden. Theorie und Praxis. Darmstadt: Wiss. Buchgesellschaft, S. 216-230.

Bahls, Gudrun & Philipp, Elke: Neue Hoffnungen für den Fremdsprachenunterricht ab Klasse 3. In: Der Fremdsprachenunterricht, 2/1992, S. 116-117.

Bahls, Gudrun: 'stetig - originell - seriös' - Kinder lernen europäische Fremdsprachen. In: Der Fremdsprachenunterricht, 2/1991, S. 115-118.

Bahls, Gudrun: Der Fremdsprachenunterricht in den Klassen 3 und 4 - aber wie? In: Der Fremdsprachenunterricht, 2/1991, S. 78-83.

Bebermeier, Hans (1992): Begegnung mit Englisch. Beispiele für die Klassen 1 bis 4. Gründe - Ziele - Wege. Materialien - Medien - Literatur. Frankfurt: Cornelsen Scriptor (Reihe Lehrer-Bücherei Grundschule).

Bebermeier, Hans: Begegnung mit Sprache(n) in den Grundschulen Nordrhein-Westfalens. In: Hegele (ed 1994) 33-50.

Blackledge, Adrian: 'We can't tell our stories in English': Language, Story and Culture in the Primary School. In: Language, Culture and the Curriculum, 6, 2/1993, S. 129-141.

Bleyhl, Werner: Konstruktivismus im Fremdsprachenunterricht - Was soll's? In: Fremdsprachen und Hochschule 47, 1996, S. 5-21.

Bliesener, Ulrich: Foreign Language Education in Primary Schools (age 5/6-10/11) - New Style Workshop 8A des Council of Education, Loccum 17.-22.5.1992. In: Neusprachliche Mitteilungen, 3/1992, S. 268-270.

Bludau, Michael: Der frühbeginnende Fremdsprachenunterricht in den Ländern der Bundesrepublik Deutschland. Eine Dokumentation. In: Neusprachliche Mitteilungen, 46.Jg. 1993, S. 74-85.

Bogenschneider, Karl-Günther & Wulzinger, Ulrike: Frühbeginn Englisch - vor mehr als zehn Jahren. Erfahrungen von Gestern und Morgen. In: Praxis, 4/1990, S. 339-342.

Borgwardt, Ulf: Frühes Russischlernen in der Grundschule? In: Der Fremdsprachenunterricht, 2/1994, S. 122-125.

Böse, Maximilian: Zur Situation des Fremdsprachenunterrichts im Land Brandenburg. In: Neusprachliche Mitteilungen, 1993, S. 200-201.

Brusch, Wilfried: Fremdsprachenunterricht in der Grundschule - nach welchem Konzept? In: Neusprachliche Mitteilungen, 1993, S. 94-100.

Calaque, E.: Problématique du passage à l'écrit en langue étrangère: Initiation au français écrit pour des enfants de huit à dix ans. In: Etudes de Linguistique Appliquée, 89. 1993, S. 85-96.

De Vriendt, M.-J.: Initiation précoce à une langue étrangère? Un jeu d'enfant? In: Revue de Phonétique Appliquée, 107. 1993, S. 113-124.

Doyé, Peter (1977): Untersuchungen zum Englischunterricht in der Grundschule. Braunschweig: Westermann.

Doyé, Peter: Fremdsprachenerziehung in der Grundschule. In: Zeitschrift für Fremdsprachenforschung, 4. 1/1993, S. 48-90.

Doyé, Peter: Systematischer Fremsprachenunterricht vs. Begegnung mit Fremdsprachen. In: Neusprachliche Mitteilungen, 3/1991, S. 145-146.

Expolingua 1990 - Frankfurt/Main. In: Neusprachliche Mitteilungen, 1/1991, S. 65.

Felberbauer, Maria: Englischunterricht an der Grundschule. Ein Beitrag zum interkulturellen Lernen. In: Der fremdsprachliche Unterricht, 1/1991, S. 10-14.

Felberbauer, Maria: Frühes Fremdsprachenlernen an der Grundschule - eine Grundsatzentscheidung. Gedanken zur innerdeutschen Diskussion. In: Der Fremdsprachenunterricht, 2/1994, S. 117-121.

Flanigan, Beverly Olson: Peer Tutoring and Second Language Acquisition in the Elementary School. In: Applied Linguistics, 12, 2/1991, 141-158.

FMF Stellungnahme des Fachverbands Moderne Fremdsprachen (FMF) zum Fremdsprachenunterricht in der Grundschule. In: Neusprachliche Mitteilungen, 1993, S. 199.

Freudenstein, Reinhold: Fremdsprachen in der Schule im Jahr 2000 und danach. Thesen zur langfristigen Reform des neusprachlichen Unterrichts. In: Praxis. 4/1991, S. 409-415.

Freudenstein, Reinhold: Kinder lernen fremde Sprachen - Leistungsdruck oder Bildungschance?. In: Der Fremdsprachenunterricht, 2/1992, S. 83-86.

Garfinkel, Alan: Elementary School Foreign Languages and English Reading Achievement: A View of the Relationship. In: Foreign Language Annals, 24, 5/ 1991, S. 375-382.

Gerngroß, Günter: Story telling im Englischunterricht der Grundschule. In: Der fremdsprachliche Unterricht, 1/1992, S. 18-20.

Haenisch, Hans & Thürmann, Eike (1994): Begegnung mit Sprachen in der Grundschule. Eine empirische Untersuchung zum Entwicklungsstand, zur Akzeptanz und zu den Realisierungsformen von Begegnung mit Sprachen in den Grundschulen Nordrhein-Westfalens. Soest:Landesinstitut für Schule und Weiterbildung.

Hawkins, E (1984): Awareness of Language: An Introduction, Cambridge: University Press.

Hegele, Irmintraut (ed 1994): Kinder begegnen Fremdsprachen. Braunschweig: Westermann.

Hellwig, Karlheinz (1995): Fremdsprachen an Grundschulen als Spielen und Lernen. Dargestellt am Beispiel Englisch. Ismaning: Hueber (Reihe Forum Sprache).

Hermann-Brennecke, Gisela: Sprachsensibilisierung in der Grundschule. In: Neusprachliche Mitteilungen. 1993, S. 101-108.

Hunfeld, Hans: Noch einmal: Zur Normalität des Fremden. Beispiel: Frühes Fremdsprachenlernen. In: Der fremdsprachliche Unterricht, 1/1992, S. 42-44.

Ingram, David: Primary School Language Teaching: An Overview of Reasons, Policies, and Implementations. In: Babel, 28. 2/1993, S.8-21, 51.

Jaffke, Christoph: Zwei Fremdsprachen für alle ab der ersten Klasse. Aus den 70jährigen Erfahrungen der Waldorfpädagogik. In: Grundschule, 12/1993, S.21-23.

Karbe, Ursula & Schöne, Eva: Frühes Fremdsprachenlernen für alle Kinder - ein Plädoyer. In: Der Fremdsprachenunterricht, 5/1991, S. 273-279.

Karbe, Ursula: Rahmenrichtlinien Begegnungssprache - frühes Fremdsprachenlernen in den Klassen 3 und 4 der Grundschule in Sachsen". In: Der Fremdsprachenunterricht, 3/1992, S. 149-150.

Kinder begegnen Sprachen (Themenheft der Zeitschrift Grundschule Heft 12 Dezember 1993)

KMK Sekretariat der Ständigen Konferenz der Kultusminister der Länder in der Bundesrepublik Deutschland (1970/1994) Empfehlungen zur Arbeit in der Grundschule (Beschluß der Kultusministerkonferenz vom 02.07. 1970 i.d.F. vom 06.05.1994.

Krashen, Stephen (1989): Language Acquisition and Language Education, New York: Prentice Hall.

Kubanek-German, Angelika: Geschichten und narrative Prinzipien. Überlegungen am Beispiel des Frühen Fremdsprachenlernens. In: Der fremdsprachliche Unterricht,. 1/1992, S. 11-17.

Lademann, Norbert: Expo Lingua '91 in Wien. In: Zielsprache Englisch, 3/1991, S. 38-39.

Lambert, Wallace: Die zwei Gesichter zweisprachiger Erziehung. In: Swift (1982), S. 44-50.

Maier, Wolfgang: Théorie et practique de l'enseignement primaire des langues vivantes. In: Etudes de Linguistique Appliquée, 89. 1993, S. 57-71.

Martin, Cynthia & Mitchell, Rosamond: Foreign Language Assistants in the Primary School, In: Language Learning Journal 8, 1993, 32-34.

Meyer, Edeltraut: Französisch als 'Begegnungssprache' in der Grundschule. In: Neusprachliche Mitteilungen, 3/1991, S. 146-148.

Morley, G. D.: Language elements in European studies. In: Perren (1973), S.53-55.

Multhaup, Uwe & Wolff, Dieter (ed 1992): Prozeßorientierung in der Fremdsprachendidaktik, Frankfurt: Diesterweg.

Niemann, Evelyn: Bedeutungserschließung unbekannter Wörter in der Initialphase des Anfangsunterrichts Russisch. In: Der Fremdsprachenunterricht, 2/1992, S. 78-82.

Otten, Edgar: Learning by doing: discovery procedures - operationale Verfahren, entdeckendes Lernen und Prozeßorientierung. In: Multhaup/Wolff (ed 1992), S. 173-187.

Pelz, Manfred (ed. 1989): Lerne die Sprache des Nachbarn - Grenzüberschreitende Spracharbeit zwischen Deutschland und Frankreich. Frankfurt: Diesterweg.

Pelz, Manfred: Französisch spielen in der Grundschule - Zur Begründung einer neuen Methodik. In: Neusprachliche Mitteilungen. Sonderheft 1991, S. 48-50.

Pelz, Manfred: Thesen zu einer Begegnungssprache in der Grundschule. In: Neusprachliche Mitteilungen, 2/1992, S. 88-89.

Pelz, Manfred: Zu Peter Doyé: 'Systematischer Fremdsprachenunterricht vs. Begegnung mit Fremdsprachen'. In: Neusprachliche Mitteilungen, 3/1992, S. 167-169.

Perren, G.E. (ed. 1973): Modern Languages and European Studies, CILT.

Philipp, Elke & Schalm, Heidrun: Theorie und keine Praxis für einen Fremdsprachenunterricht ab Klasse 3? In: Der Fremdsprachenunterricht, 7/1991, S. 406-412.

Philipp, Elke & Steinbach, Gudrun: Frühes Fremdsprachenlernen in Europa - Wiener Internationale Expertengespräche. In: Der Fremdsprachenunterricht, 1/1994, S. 66-67.

Piprek, Ina: Erste Erfahrungen im Englischunterricht in den Klassen 3 und 4. In: Der Fremdsprachenunterricht, 2/1992, S. 87-90.

Pozniak, Ina: Frühes Fremdsprachenlernen in der GUS - ein Situationsbericht. In: Der Fremdsprachenunterricht, 2/1994, S. 125-127.

Rück, Heribert: Bedeutet Sprachbegegnung in der Grundschule den Verzicht auf kommunikative Ergebnisse? In: Neusprachliche Mitteilungen, 1993, S. 109-110.

Rück, Heribert: Fremdsprachenbegegnung in der Grundschule: auf der Suche nach neuen Perspektiven. In: Neusprachliche Mitteilungen, 2/1992, S. 89-91.

Rück, Heribert: Fremdsprachenbegegnung in der Grundschule: ein Modellversuch und seine pragmatischen Inhalte. In: Der Fremdsprachenunterricht, 8/1991, S. 480-486.

Rück, Heribert: Früher Fremdsprachenunterricht: Warum? Wie? Durch wen? In: Neusprachliche Mitteilungen, 4/1990, S. 217-219.

Rück, Heribert: Zur Methodik des Französischunterrichts in der Grundschule. In: Praxis, 1/1991, S. 11-20.

Sandfuchs, Uwe: Eine bilinguale Schule für Europa. In: Hegele (ed 1994), S.106-112.

Sauer, Helmut (ed 1975): Englisch auf der Primarstufe. Texte und Informationen zum Frühbeginn des Fremdsprachenunterrichts, Paderborn: Schöningh.

Sauer, Helmut: Fremdsprachlicher Frühbeginn in der Diskussion. Skizze einer historisch-systematischen Standortbestimmung. In: Neusprachliche Mitteilungen, 1993, S. 85-94.

Sauer, Helmut: Problempunkte in den Konzepten zum Fremdsprachenunterricht ab 3. Schuljahr. In: Der Fremdsprachenunterricht, 3/1992, S. 151.

Schrand, Heinrich: Tagungsbericht: Expo Lingua 1991 - Wien. Hauptakzent: Fremdsprachen früh beginnen. In: Der fremdsprachliche Unterricht, 4/1991, S. 47-49.

Schrand, Heinrich: Zehn Thesen zum Fremdsprachenunterricht ab 3. Schuljahr. In: Der Fremdsprachenunterricht, 2/1991, S. 76-77.

Schröder, Konrad: Nicht A oder B, sondern A plus B. Gedanken zum Fremdsprachenlernen ab Klasse 3. In: Neusprachliche Mitteilungen, 1993, S. 72-73.

Seebauer, Renate: Englisch auf der Grundstufe I. In: Neusprachliche Mitteilungen, 1996, S. 176-179.

Sharpe, Keith: Communication, culture, context, confidence: the four Cs of primary modern language teaching. In: Language Learning Journal, 6/1992, S.13-14.

Steinbach, Gudrun: Überlegungen zur Ausbildung von Lehrern für den Fremdsprachenunterricht an der Grundschule. In: Der Fremdsprachenunterricht, 6/1994, S. 458-461.

Stern, H. (ed 1969): Languages and the Young School Child, London: Oxford University Press.

Straube, Dieter: Lernpsychologische Gründe für einen obligatorischen Fremdsprachenunterricht in der Grundschule. In: Der Fremdsprachenunterricht, 6/1992, S. 356-359.

Swift, James (ed 1982): Bilinguale und multikulturelle Erziehung. Würzburg: Königshausen & Neumann.

Walter-Gropius-Schule: Frühbeginn Englisch - wieder aktuell!!!. In: Neusprachliche Mitteilungen, 2/1992, S. 114-116.

Welz, Eberhard: Welche Sprachen in welchen Schulen für welche Kinder? In: Der Fremdsprachenunterricht, 5/1991, S. 301-304.

Wölfel, Wilhelm: Englischunterricht in der Grundschule. In: Neusprachliche Mitteilungen, 2/1990, S. 74-76.

Wolff, Dieter: Lern- und Arbeitstechniken für den Fremdsprachenunterricht: Versuch einer theoretischen Fundierung. In: Multhaup/Wolff (ed 1992), S. 101-120.

Zuschriften zum Fremdsprachenunterricht ab Klasse 3. In: Der Fremdsprachenunterricht, 6/1991, S. 355-359.

Peter Doyé

Die Kontroverse um "Systematischen Fremdsprachenunterricht" und "Sprachbegegnung"

Man hat in Sachsen zur Bezeichnung des 1992 neu in die Grundschule eingeführten Lernbereichs den Terminus "Begegnungssprache" gewählt und ist dadurch - wohl unversehens - in die Kontroverse um zwei verschiedene Konzepte des frühen Fremdsprachenlernen hineingeraten. Die beiden Konzepte sind unter den Namen "Systematischer Fremdsprachenunterricht" und "Sprachbegegnung" bekanntgeworden. Sie sollen in diesem Referat noch einmal ausführlich beschrieben und einander gegenübergestellt werden.

Der wesentliche Unterschied zwischen den beiden Konzepten liegt in den Zielen. In allen Projekten des systematischen Fremdsprachenunterrichts werden sehr genaue Ziele in Gestalt kommunikativer Kompetenzen gesetzt. Dies geschieht in bewußter Absetzung von anderen Projekten, in denen der Unterricht solche vagen Intentionen wie "Anbahnung" und "Hinführung" verfolgt. Das Braunschweiger Projekt der 70er Jahre ging in dieser Hinsicht am weitesten.
Beispiel:
Ziele des Englischunterrichts in der 3. Klasse:
"1. Aussagen in englischer Sprache
- geäußert im Rahmen eines fixierten Grundwortschatzes (Liste A)
und
- unter Verwendung einer begrenzten Anzahl von Grundstrukturen (Liste B)
zu verstehen.
2. In realen Situationen oder bei deren bildlichen Darstellung
- im Rahmen des Grundwortschatzes (Liste A)
und
- unter Verwendung der Grundstrukturen (Liste B)
- in phonemisch richtiger Aussprache
selbständig Aussagen zu gegebenen Sachverhalten und Vorgängen zu machen." (Doyé & Lüttge, 1977, S. 52f.)

Diese rigide Festlegung von Minimalzielen hat große Vorteile für die Durchführung des Unterrichts im Rahmen eines Forschungsprojekts, bietet aber, wenn man eine flächendeckende regionale oder gar nationale Einführung des Fremdsprachenunterrichts vorhat, auch Nachteile, auf die später einzugehen sein wird. Immerhin hat das Prinzip der präzisen Zielformulierung eine Menge Anhänger gefunden.

Neuere Lehrpläne und Empfehlungen in der Bundesrepublik Deutschland wie in anderen europäischen Ländern enthalten sehr genaue Angaben darüber, welche Ziele die Schülerinnen und Schüler erreichen sollen. Zwei Beispiele:

Der österreichische Lehrplan für Englisch in der 3. und 4. Klasse von 1983 enthält z.B. unter "Sprechfertigkeit" folgende Zielangaben:

"Die Schüler sollen nach der Grundschule in der Lage sein, spontan und in einfacher Form im Rahmen der erarbeiteten Gesprächsstoffe Kontakte mit jemandem aufzunehmen, Informationen zu geben und einzuholen sowie Gefühle, Wünsche und persönliches Befinden zum Ausdruck zu bringen." (Bundesministerium für Unterricht und Kunst, 1983)

Anschließend werden die Themenkreise und Sprechabsichten aufgeführt, in bzw. mit denen die genannten Fähigkeiten erworben werden sollen.

Der französische "Circulaire" zum Fremdsprachenunterricht auf der "École élémentaire" von 1991 führt zum Beispiel unter "Expression orale" folgendes auf:

"L' élève ayant suivi un enseignement d'initiation doit être entrainé ... à s'exprimer de manière simple et authentique en utilisant des formules courantes relatives aux usages sociaux de son âge, des questions simples et des responses à des questions simples." (Éducation nationale, 1991, S. 2203f.)

Auch hier werden die Angaben durch Hinweis auf die "notions et fonctions langagières" präzisiert.

Die Vertreter des Begegnungssprachenkonzepts beziehen eine ganz andere Position. Sie wollen auf jeden Fall eine schlichte Vorverlegung des Fremdsprachenunterrichts von der Sekundarschule auf die Grundschule vermeiden und setzen dem Unterricht in der dritten und vierten Klasse nicht vornehmlich sprachliche Ziele. So heißt es in den Grundsätzen und Empfehlungen des Landes Nordrhein-Westfalen:

"Vielmehr geht die Begegnung mit einer Fremdsprache in den Grundschulen unseres Bundeslandes von anderen pädagogischen Voraussetzungen aus, ist in anderer Weise in das Schulleben integriert und verfolgt andere Ziele, als man es vom traditionellen Fremdsprachenunterricht gewohnt ist." (Landesinstitut für Schule und Weiterbildung, 1990, S.7)

Da Kinder in unserer multikulturellen Gesellschaft ohnehin auf Schritt und Tritt Menschen anderer Sprachen und Kultur begegnen, wird auch die Begegnung zum pädagogischen Prinzip in der Schule gemacht, - im Sinne der Erziehung als Lebenshilfe:

"Die alltäglichen Begegnungen mit anderen Sprachen gehören zu den charakteristischen Merkmalen der modernen industriellen Gesellschaft. Sie können schon sehr früh von der Schule aufgegriffen, in bedächtiger Weise ausgeweitet und zum Anlaß von Lernprozessen gemacht werden, die die weitere Erziehung und Bildung in positiver Weise beeinflussen können." (Landesinstitut für Schule und Weiterbildung, 1990, S. 6)

Diese Lernprozesse sind nicht auf Sprachliches beschränkt: Soziales und politisches Lernen wird ebenso wichtig genommen; und sie finden auch nicht in einem gesonderten Lernbereich statt, sondern werden integriert in andere, bereits bestehende wie Sachunterricht, Sprache, Musik, Kunst und Sport.

Als Ziele werden in dem neuesten diesbezüglichen Erlaß des Kultusministeriums von Nordrhein-Westfalen genannt:

"Begegnung mit Sprachen

- soll Interesse an Sprachen und Freude am Umgang mit ihnen wecken, die Gleichwertigkeit der Sprachen und Kulturen bewußt machen und dadurch einen Beitrag zur interkulturellen Erziehung leisten;
- soll die Kinder dabei unterstützen, daß sie im Spiel und beim sprachlichen Handeln mit anderen ihre erweiterten Möglichkeiten der Kommunikation erproben:
- soll dazu beitragen, daß die Kinder die Erscheinungsformen ihrer eigenen Muttersprache besser erkennen und mit ihren vielfältigen Ausprägungen differenzierter umgehen;
- soll zum gegenseitigen Verstehen erziehen und dazu beitragen, daß bei den Kindern Vorurteile und ethnozentrische Denkweisen nicht entstehen."

(Kultusministerium des Landes Nordrhein-Westfalen, 1992, S. 2)

Die Wahl der Begegnungssprache ist ausdrücklich der einzelnen Schule überlassen. Es werden genannt: Niederländisch, Italienisch, Französisch und Englisch; aber auch andere Sprachen, denen Kinder der Grundschule heute begegnen, kommen in Frage.

Es hat in den letzten Jahre heftige Kontroversen zwischen den Anhängern der beiden Konzepte gegeben (Doyé, 1992; Pelz, 1992b). Extreme Vertreter des Begegnungssprachenkonzepts wollten den Sprachunterricht in der Grundschule vom Fremdsprachenunterricht auf der Sekundarschule abkoppeln und auf sprachliche Ziele ganz verzichten. Extreme Vertreter des Systematik-Konzepts wollten den Unterricht auf sprachliches Lernen beschränken und die interkulturelle Erziehung anderen Fächern überlassen. Diese Kontroversen sind heute überwunden. Die moderaten Anhänger beider Konzepte sind sich einig in Folgendem: Sprachliches Lernen und interkulturelles Lernen sind keine Gegensätze, sondern integrale Bestandteile einer Erziehung zur Aufgeschlossenheit und Toleranz gegenüber Menschen anderer Sprache und Kultur und zur Kommunikationsfähigkeit mit diesen Menschen. Dazu gehört die Förderung von Einstellungen ebenso wie der Erwerb sprachlicher Kompetenz.

Die neuesten Empfehlungen für den Fremdsprachenunterricht in der Grundschule in Hessen greifen ausdrücklich beide hier dargestellten Konzepte auf, erklären sie für miteinander vereinbar und integrieren sie zu einem umfassenden Erziehungsziel (Hessisches Kultusministerium, 1992).

Der Klarheit halber möchte ich jedoch noch einmal meine auf dem Höhepunkt der Auseinandersetzung konzipierte Gegenüberstellung der beiden Konzepte wiederholen (Neusprachliche Mitteilungen, 1992, S. 169). Sie enthält eine Übersicht über die wichtigsten Aspekte und stellt, so hoffe ich, eine Entscheidungshilfe für neu zu entwerfende Pläne für das frühe Fremdsprachenlernen dar:

	Systematischer Fremdsprachenunterricht	**Begegnung mit Fremdsprachen**
ZIEL	Interkulturelle Kommunikationsfähigkeit einschließlich einer fundamentalen sprachlichen Kompetenz	Sensibilisierung für Sprachen und Kulturen anderer Nationen unter Verzicht auf eine bestimmte sprachliche Kompetenz
ORGANISATION	Unterricht nach sorgfältig ausgearbeitetem Curriculum	Gelegenheitsunterricht ohne Systematik
EINGLIEDERUNG	Fremdsprachenunterricht als eigener Lernbereich der Grundschule neben anderen	Kein eigenes Fach, sondern Integration in andere Lernbereiche
SPRACHEN	Konzentration auf eine Sprache	Öffnung für Sprachen
KONTINUITÄT	Fortführung auf der Sekundarschule	Keine Fortführung, sondern Abkopplung vom Fremdsprachenunterricht auf der Sekundarschule
METHODE	Lernen per Spiel und per Arbeit (intensives gerichtetes Bemühen)	Vor allem spielerisches Lernen

Wo steht nun das sächsische Fach Begegnungssprache in dieser Kontroverse?

Seine Bezeichnung scheint auf Übereinstimmung mit dem oben dargestellten Begegnungssprachenkonzept hinzuweisen. In Wirklichkeit steht es dem systematischen Fremdsprachenunterricht viel näher. Zur Klärung gehen wir die in der Tabelle aufgeführten sechs Aspekte durch:

1. Der Lehrplan des sächsischen Kultusministeriums für das Fach Begegnungssprache (Sächsisches Staatsministerium für Kultus, 1992) nennt als Aufgaben:
   – die Kinder für das Lernen anderer Sprachen in einer lustbetonten und

zwanglosen Atmosphäre aufzuschließen,
- eine altersgemäße sprachliche Kommunikation anzubahnen,
- eine offene, aufgeschlossene Haltung anderen Völkern und Kulturen gegenüber anzustreben.

Neben der an erster Stelle genannten motivationalen Aufgabe, die - weil so grundlegend - in den Plänen *aller* Bundesländer vorkommt, enthält der sächsische Lehrplan also genau die beiden Intentionen, die für den systematischen Fremdsprachenunterricht charakteristisch sind: die sprachliche Kommunikationsfähigkeit und die nötige Offenheit, die mit ihr einher gehen muß, damit interkulturelle Kommunikation gelingen kann. Zwar kaschiert die Verwendung des Wortes "anzubahnen" noch ein wenig das intendierte Ziel (warum nur?), jedoch lassen die Ausführungen im folgenden Kapitel keinen Zweifel daran, daß es um die Hinführung der Kinder zu sprachlicher Kompetenz geht. Unter der Überschrift "Ziele im Bereich sprachlichen Könnens" ist in völliger Übereinstimmung mit dem Konzept des systematischen Fremdsprachenunterrichts von "mündlicher Kommunikationsfähigkeit" und "Entwicklung des Hörverstehens" die Rede. Einen Verzicht auf sprachliche Kompetenz wie im Begegnungssprachenkonzept gibt es nicht.

2. Ein vom Ministerium ausgearbeitetes Curriculum liegt für das Fach Begegnungssprache nicht vor, wohl aber werden sehr genaue Angaben über die Ziele, Lerninhalte und Verfahren gemacht, aufgrund derer sich die Schulen ihre eigenen Curricula - gemäß ihrer speziellen pädagogischen Situation - ausarbeiten können. Viele Schulen tun dies bereits, und die zur Beratung eingesetzten Moderatorinnen helfen ihnen dabei. Den von den Anhängern des Begegnungssprachenkonzepts favorisierten Gelegenheitsunterricht gibt es in Sachsen selten.
3. Im sächsischen Lehrplan ist durchgängig vom "Fach Begegnungssprache" die Rede. Für seine Erteilung ist in den Klassen 3 und 4 je eine Wochenstunde vorgesehen, die zwar nicht als 45 Minuten Einheit unterrichtet werden soll, wohl aber eigens in der Stundentafel ausgewiesen wird. Nur in dieser Hinsicht stellt es ein Fach neben anderen dar. Inhaltlich soll die Begegnungssprache mit den anderen Lernbereichen integriert werden, weshalb auch angestrebt wird, daß die Klassenlehrerin das Fach erteilt. Eine Übersicht über mögliche Querverbindungen zu anderen Fächern (S.15 des Lehrplans) soll die Integration erleichtern. Genannt werden Deutsch, Mathematik, Musik, Kunst und Sport. Hinsichtlich seiner Eingliederung in das Curriculum der Grundschule steht das *Fach Begegnungssprache* also zwischen den beiden kontroversen Konzepten.
4. Der Lehrplan schreibt keine bestimmte Sprache vor, sondern überläßt die Wahl ausdrücklich der einzelnen Schule, 7 Möglichkeiten werden genannt und im dritten Teil des Lehrplans ausführlich und nach Sprechabsichten,

Ausspracheschulung und landeskundlicher Information spezifiziert dargestellt: Sorbisch, Polnisch, Tschechisch, Englisch, Französisch, Russisch und Spanisch. Allerdings sollte sich der Unterricht für die Schüler einer Klasse auf *eine* Sprache konzentrieren. Der entsprechende Hinweis lautet: "Da der Unterricht nach dem durchgängigen Lehrplan erteilt wird, ist ein Wechsel der Fremdsprache in der Grundschule nicht empfehlenswert" (Lehrplan S.8). Dies ist eine klare Absage an das Begegnungssprachenkonzept mit seinem Prinzip der Öffnung für Sprach*en*.

5. Über eine Fortführung des in der Grundschule begonnenen Fremdsprachenunterrichts auf der Sekundarstufe macht der Lehrplan keine Aussagen. Jedoch sind - wie auf der Dresdner Konferenz deutlich wurde - überall im Lande Bestrebungen im Gange, eine solche Fortführung zu sichern. Gerade die Vielfalt der angebotenen Sprachen macht dies nötig. Wenn nämlich einige dieser Sprachen auf der Sekundarstufe fortgeführt werden und andere nicht, ist zu befürchten, daß die Wahl vielerorts auf die ersteren fällt und letztere leer ausgehen. Dies widerspricht den Prinzipien des sächsischen Konzepts.
6. Zur Methode macht der Lehrplan für das Fach Begegnungssprache wiederum sehr klare Aussagen. Es ist viel von spielerischem Lernen die Rede, aber auch von Lernanstrengungen, die honoriert werden sollten. Ein charakteristisches Beispiel: Auf S.13 fordert der Lehrplan aus Gründen der Kindgemäßheit die Kombination "einer für Schüler erkennbar strukturierten Lernarbeit mit spielerischen, musischen Lernphasen." Insgesamt ist also der Fremdsprachenunterricht in sächsischen Grundschulen durch ein ausgewogenes Verhältnis von Lernen per Spiel und Lernen per intensives Bemühen gekennzeichnet; von einem starken Übergewicht spielerischen Lernens ist keine Rede.

Nimmt man die zu den sechs Aspekten gemachten Feststellungen zusammen, so ergibt sich, wie gesagt, eine viel größere Nähe des sächsischen Ansatzes zum systematischen Fremdsprachenunterricht als zum Begegnungssprachenkonzept nordrhein-westfälischer oder auch badischer Prägung. Ich halte dies - eine solche subjektive Bemerkung sei mir am Schluß meines Beitrages erlaubt - für eine erfreuliche Tatsache.

Literaturverzeichnis

Bundesministerium für Unterricht und Kunst (1983): Lehrplan der Verbindlichen Übung "Lebende Fremdsprache" Englisch an der Volksschule Wien.

Doyé, Peter/Lüttge, Dieter (1977): Untersuchungen zum Englischunterricht in der Grundschule. Bericht über das Forschungsprojekt FTU. Braunschweig: Westermann.

Doyé, Peter. (1992): Zu Manfred Pelz' Ausführungen. Neusprachliche Mitteilungen, 45, 168-169.

Hessisches Kultusministerium (1992): Empfehlungen für den Fremdsprachenunterricht in der Grundschule. Wiesbaden.

Kultusministerium des Landes Nordrhein-Westfalen (1992): Begegnung mit Sprachen in der Grundschule. Erlaß vom 13.2.92. Düsseldorf: Kultusministerium.

Landesinstitut für Schule und Weiterbildung (Hrsg.) (1990): Begegnung mit Fremdsprachen in der Grundschule. Grundsätze und Empfehlungen für die Praxis. Soest: Soester Verlagskontor.

Ministère de l'Éducation Nationale (1991): Expérimentation controlée de l'enseignement d'une langue vivante à l'école élémentaire. Paris: Circulaire n° 91-246.

Pelz, Manfred (Hrsg.) (1992b): Zu Peter Doyé: Systematischer Fremdsprachenunterricht vs. Begegnung mit Fremdsprachen. Neusprachliche Mitteilungen, 45, 167-168.

Sächsisches Staatsministerium für Kultus (1992): Lehrplan Grundschule - Begegnungssprache. Dresden: Amtsblatt.

Katrin Reichel

Stand und Perspektiven des Unterrichts im Fach Begegnungssprache im Freistaat Sachsen

1. "Begegnungssprache" hat sich etabliert

Die errungene Freiheit und Offenheit in der europäischen Dimension, die sich besonders in den neuen Ländern mit dem Wandel der gesellschaftlichen Verhältnisse eröffnet hat, und die Chance des Neubeginnes im sächsischen Schulwesen 1992 wurde genutzt, um die Kinder bereits in der Grundschule auf die multikulturelle und mehrsprachige Lebenswirklichkeit vorzubereiten.

Ausgehend vom Bildungs- und Erziehungsauftrag der Grundschule wurde das Fach Begegnungssprache 1992/93 als Pflichtbereich für alle Schüler der 3. und 4. Klassen in die Stundentafel aufgenommen. Dies war unter den gegebenen Bedingungen ein Wagnis, aber auch ein eindeutiges Bekenntnis dafür, schon Grundschulkinder für andere sprachliche Ausdrucksmöglichkeiten, fremde Kulturen und andere Länder zu sensibilisieren.

Wenn sich die rasche Einführung des Faches Begegnungssprache in der Schulpraxis auch mit einigen Unwegsamkeiten, Irritationen und Unkorrektheiten vollzogen hat, so kann heute dennoch festgestellt werden, daß Begegnungssprache als neues Fach, als erweitertes Bildungsangebot im Bereich der Grundschule angenommen wurde.

Begegnungssprache hat sich etabliert, weil *Kinder* gern imitieren, Rollen spielen, sich mitteilen wollen, weil es ihnen Freude macht, sich mit Neuem zu beschäftigen, sich das Fremde zu erschließen, weil Begegnungssprache ihnen Spaß macht und Erfolgserlebnisse vermittelt; weil *Eltern* den entschiedenen Wunsch haben, ihre Kinder auf die gewachsenen Ansprüche in unserer Lebenswelt vorzubereiten und ihnen bessere Bildungschancen zu ermöglichen; weil sich *Grundschullehrerinnen und -lehrer* der Aufgabe gestellt haben, Kinder grundschulgemäß an eine andere, fremde Sprache heranzuführen. Dabei haben das Engagement und die Freude der Lehrerinnen und Lehrer, ihr Durchhaltevermögen beim Sprachenlernen, ihr Einfallsreichtum bei der Suche nach und Erstellung von Materialien, ihr Geschick bei der Umsetzung verschiedener Methoden und ihre verantwortungsvolle Zusammenarbeit mit Eltern und weiterführenden Schulen viel zur Etablierung des Faches beigetragen.

Das Fach Begegnungssprache hat sich als *sächsische Variante fremdsprachlichen Lernens in der Grundschule* etabliert. In den Empfehlungen der Kultusministerkonferenz zur Arbeit in der Grundschule i. d. F. vom 06.05.1994 und in vielfältigen Initiativen in fast allen Bundesländern der Bundesrepublik Deutschland wird die Bedeutung des Fremdprachenlernens erneut hervorgehoben. Viele Erfahrungen, die in anderen Bundesländern aufgrund von Schul- und Modellversuchen sowie anderen Untersuchungen gemacht wurden, werden in Sachsen aufgegriffen und vertieft.

Begegnungssprache hat sich etabliert, obwohl noch eine ganze Reihe an Fragen im Raum stehen, unterschiedliche Standpunkte und Sichtweisen zu erörtern und Qualitätsunterschiede bei der Umsetzung in der Schulpraxis zu überwinden sind.

Mit dieser Erkenntnis und dem Ziel, das Konzept der Begegnungssprache zu begleiten und weiterzuentwickeln, notwendige Korrekturen vorzunehmen und Impulse für die Umsetzung in die Schulpraxis zu geben, wurde im Sächsischen Staatsministerium für Kultus die Arbeitsgruppe Begegnungssprache gegründet.

Die Mitglieder der Arbeitsgruppe kommen aus dem Sächsischen Staatsministerium für Kultus, dem Referat Grundschulen, dem Referat Mittelschulen, dem Referat Gymnasien, dem Referat Fort- und Weiterbildung, von der Sächsischen Akademie für Lehrerfortbildung und vom Sächsischen Staatsinstitut für Bildung und Schulentwicklung-Comenius-Institut.

Ausgangspunkt für die Tätigkeit der Arbeitsgruppe waren ein intensives Literaturstudium, Diskussionen, Beobachtungen bei Hospitationen und Lehrproben, Gespräche mit Fortbildnern und Lehrern, die schließlich auf folgende Kernprobleme hinwiesen:

- Organisation des Unterrichts,
- Verfügbarkeit von Material,
- didaktisch-methodische Gestaltung des Unterrichts,
- Übergang in weiterführende Schularten und
- Notwendigkeit der Lehrerfort- und weiterbildung zur Sicherung der Qualität des Unterrichts.

Mit Hilfe einer im Juni 1995 durchgeführten Ist-Stand-Analyse wollte die Arbeitsgruppe zunächst Trends, die sich aufgrund der Einzelerfahrungen vermuten ließen, untersuchen. Die landesweite Fragebogenaktion richtete sich an Lehrer, die im Fach Begegnungssprache unterrichten, bzw. an die Schulleiter der Grundschulen.

Wichtig waren dabei Fragen, die Auskunft darüber gaben, wie das Konzept der Begegnungssprache zum damaligen Zeitpunkt in der Schulpraxis realisiert wurde, welche allgemeinen Erfahrungen dabei gesammelt wurden und welche Probleme möglichst kurz- oder eher mittelfristig zu lösen sind.

Aufgrund der Ergebnisse dieser Analyse ist es möglich, Stand und Perspektiven des Unterrichts im Fach Begegnungssprache im Freistaat Sachsen differenziert darzustellen.

2. Ein Angebot für alle Kinder

Begegnungssprache ist ein Angebot für alle Schüler der 3. und 4. Klassen im Bildungskanon der Grundschule. Das ist im Freistaat Sachsen Realität, denn Begegnungssprache wird flächendeckend an allen Grundschulen des Landes angeboten.

Den verbindlichen Rahmen für die Gestaltung des Unterrichts im Fach Begegnungssprache bildet der Lehrplan.

Bei den Kindern soll im Fach Begegnungssprache Verständnis und Toleranz für andere Sprachen und Kulturen geweckt, die Freude an grundlegender Kommunikation entwickelt und die Bereitschaft zu sozialen Verhaltensweisen gefestigt werden.

Dabei soll im Fach Begegnungssprache ein bescheidenes grundlegendes Sprachkönnen vermittelt werden, das im wesentlichen auf die Herausbildung der Kommunikationsfähigkeit gerichtet ist. Einen Schwerpunkt bildet die Entwicklung des Hörverstehens.

Der Wortschatz orientiert sich an Redeabsichten und Themen, die Alltagssituationen von 8 bis 10jährigen Kindern widerspiegeln. Lesen und Schreiben wird entsprechend den Bedürfnissen der Kinder nur in begrenztem Maße lernunterstützend genutzt.

Grammatische Strukturen werden nicht systematisch vermittelt, sie werden im Gebrauch der Sprache ganzheitlich erfahren und erfaßt. Das heißt, sie schleifen sich durch mehrfaches Üben ein.

Im Rahmen der Ist-Stand-Analyse wurden die im Fach Begegnungssprache unterrichtenden Lehrer zum Ausprägungsgrad einzelner Schwerpunkte des Lehrplanes z. B. Freude und Interesse an der Fremdsprache, Hörverstehen, Aufgeschlossenheit und Toleranz, Aussprache und Intonation befragt.

Die folgenden Diagramme verdeutlichen, welchen Ausprägungsgrad die Lehrer in ihrem Unterricht den einzelnen Schwerpunkten beimessen und wie sie die Ergebnisse diesbezüglich einschätzen.

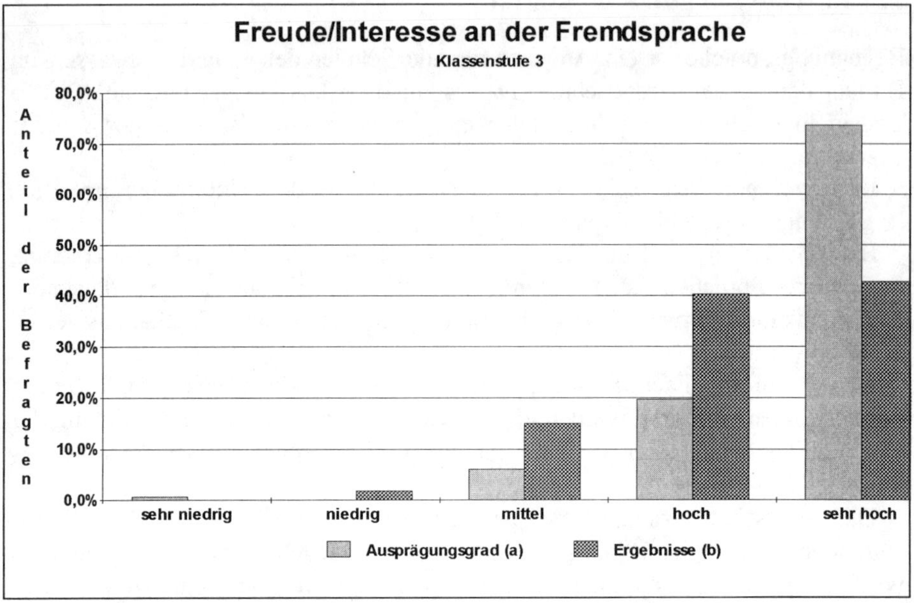

Freude/Interesse an der Fremdsprache
Klassenstufe 3
Anteil der Befragten
80,0%
70,0%
60,0%
50,0%
40,0%
30,0%
20,0%
10,0%
0,0%
sehr niedrig
niedrig
mittel
hoch
sehr hoch
Ausprägungsgrad (a)
Ergebnisse (b)

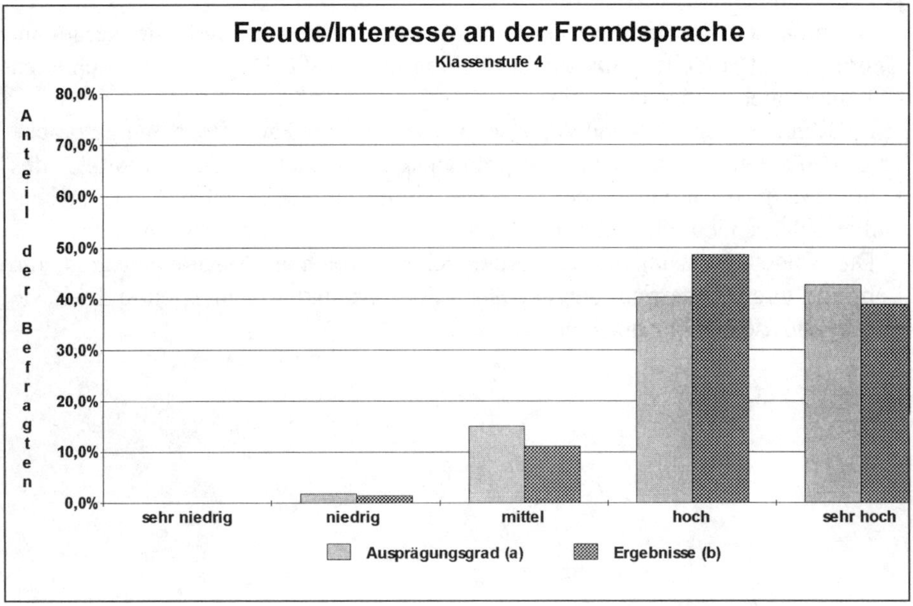

Freude/Interesse an der Fremdsprache
Klassenstufe 4
Anteil der Befragten
80,0%
70,0%
60,0%
50,0%
40,0%
30,0%
20,0%
10,0%
0,0%
sehr niedrig
niedrig
mittel
hoch
sehr hoch
Ausprägungsgrad (a)
Ergebnisse (b)

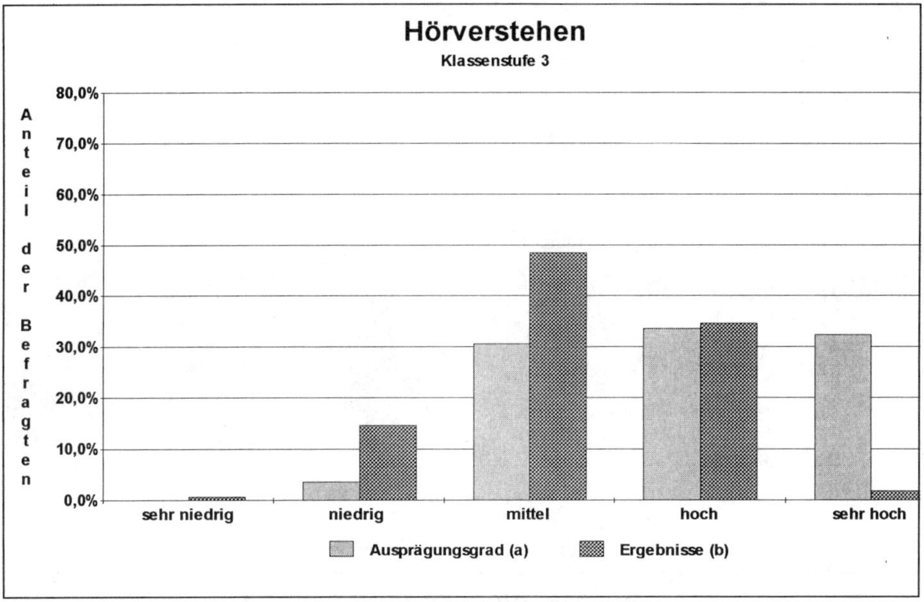
Hörverstehen
Klassenstufe 3
Anteil der Befragten
80,0%
70,0%
60,0%
50,0%
40,0%
30,0%
20,0%
10,0%
0,0%
sehr niedrig
niedrig
mittel
hoch
sehr hoch
Ausprägungsgrad (a)
Ergebnisse (b)

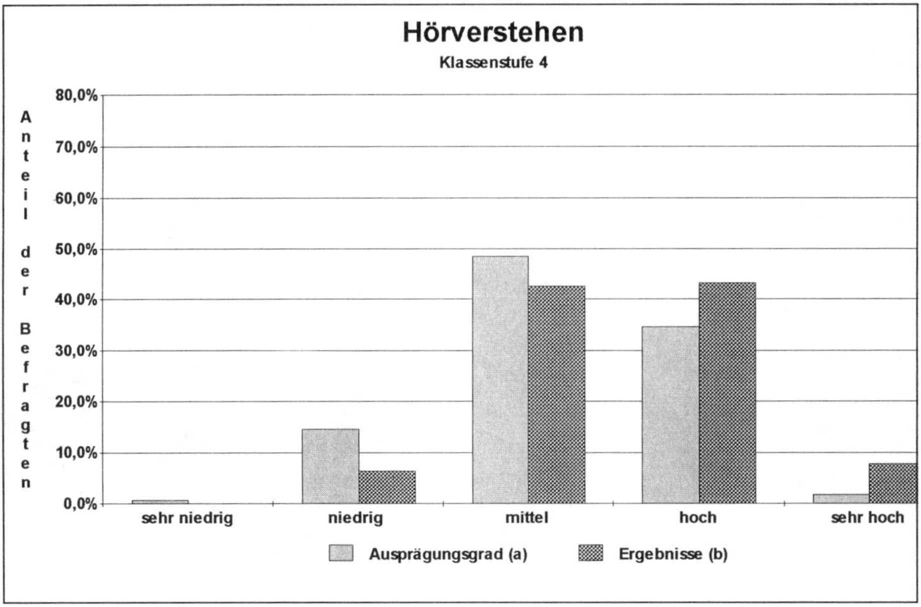
Hörverstehen
Klassenstufe 4
Anteil der Befragten
80,0%
70,0%
60,0%
50,0%
40,0%
30,0%
20,0%
10,0%
0,0%
sehr niedrig
niedrig
mittel
hoch
sehr hoch
Ausprägungsgrad (a)
Ergebnisse (b)

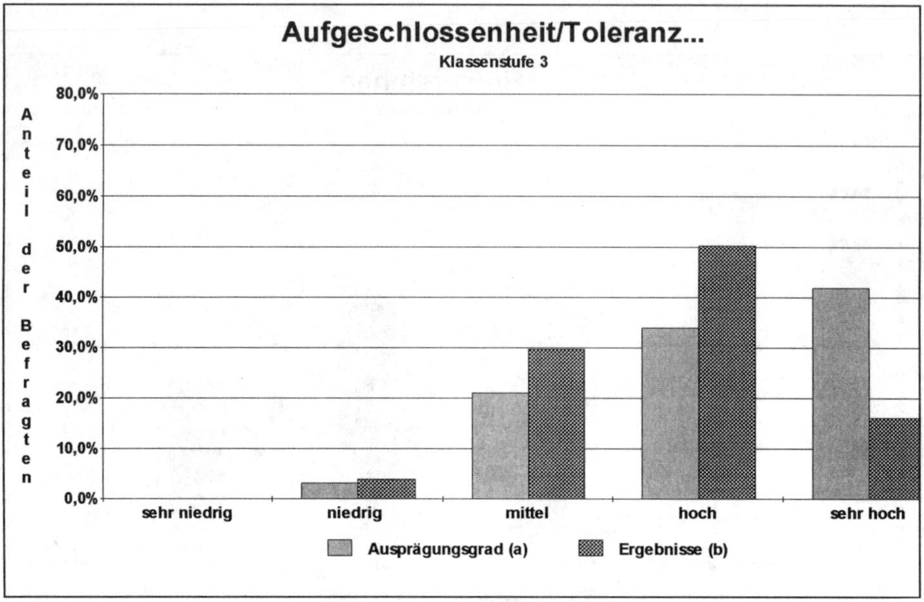

Aufgeschlossenheit/Toleranz...
Klassenstufe 3
Anteil der Befragten
80,0%
70,0%
60,0%
50,0%
40,0%
30,0%
20,0%
10,0%
0,0%
sehr niedrig
niedrig
mittel
hoch
sehr hoch
Ausprägungsgrad (a)
Ergebnisse (b)

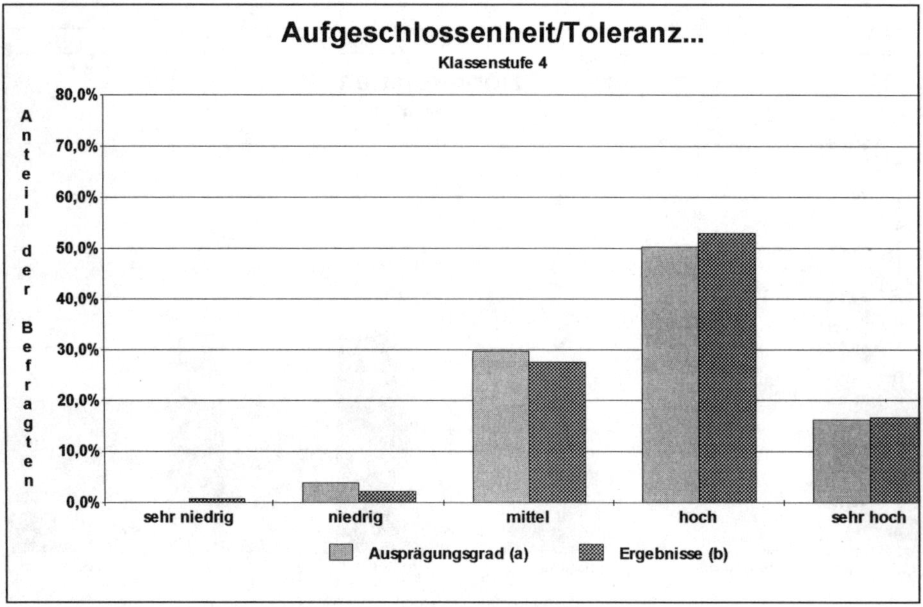

Aufgeschlossenheit/Toleranz...
Klassenstufe 4
Anteil der Befragten
80,0%
70,0%
60,0%
50,0%
40,0%
30,0%
20,0%
10,0%
0,0%
sehr niedrig
niedrig
mittel
hoch
sehr hoch
Ausprägungsgrad (a)
Ergebnisse (b)

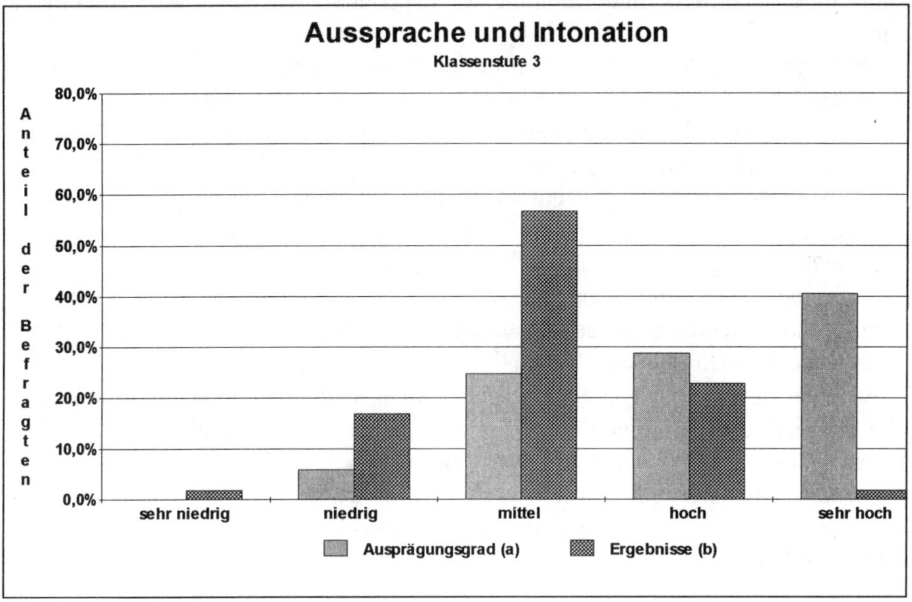
Aussprache und Intonation
Klassenstufe 3
Anteil der Befragten
80,0%
70,0%
60,0%
50,0%
40,0%
30,0%
20,0%
10,0%
0,0%
sehr niedrig
niedrig
mittel
hoch
sehr hoch
Ausprägungsgrad (a)
Ergebnisse (b)

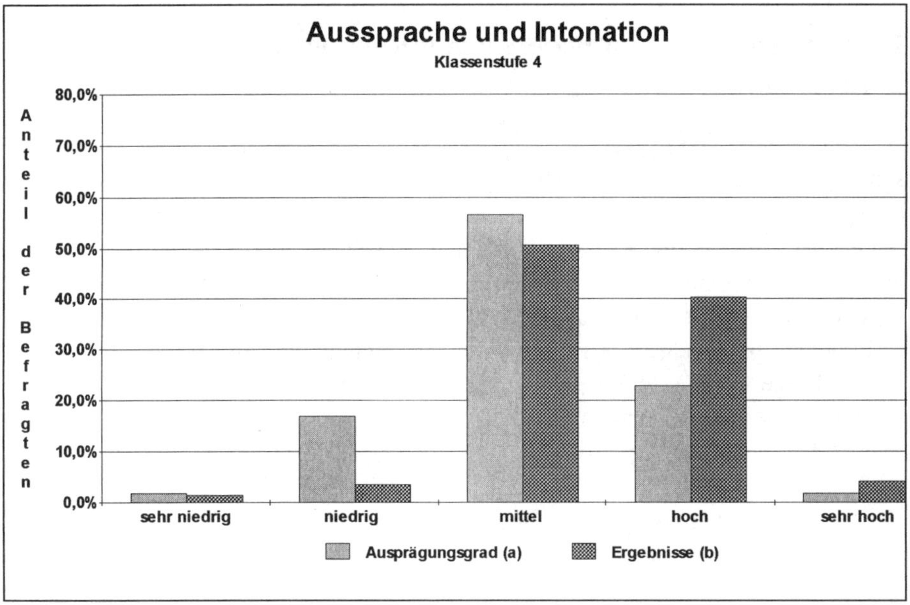
Aussprache und Intonation
Klassenstufe 4
Anteil der Befragten
80,0%
70,0%
60,0%
50,0%
40,0%
30,0%
20,0%
10,0%
0,0%
sehr niedrig
niedrig
mittel
hoch
sehr hoch
Ausprägungsgrad (a)
Ergebnisse (b)

Ohne eine detaillierte Interpretation der Ergebnisse wird tendenziell deutlich, daß

- die Kinder Freude und Interesse an der Beschäftigung mit der Fremdsprache haben;
- die Bedeutung des Hörverstehens für den gesamten Sprachprozeß offensichtlich noch unterschätzt wird;
- die Ausprägung von Aufgeschlossenheit und Toleranz für Menschen anderer Sprachen und Kulturen für sehr wichtig gehalten wird und auch die Ergebnisse diesbezüglich hoch eingeschätzt werden;
- Aussprache und Intonation als wichtiger Schwerpunkt angesehen werden, aufgrund unterschiedlicher Ursachen jedoch nicht immer in vollem Maß realisiert werden können.

Es kann davon ausgegangen werden, daß das Fach Begegnungssprache für alle Kinder eine Bereicherung darstellt. Hinsichtlich einzelner inhaltlicher Schwerpunkte gilt es künftig differenzierter und bewußter zu arbeiten. In bezug auf solche Schwerpunkte wie Hörverstehen, landeskundliches Wissen, Verbindung zu anderen Fächern sind die schulpraktischen Erfahrungen kreativ und kritisch aufzuarbeiten.

3. Ein Lernbereich im Kanon grundlegender Bildung und Erziehung

Der Lehrplan versteht Begegnungssprache als integrativen Faktor, der Unterricht soll fächerübergreifend, mit allen Sinnen, erlebnis- und handlungsorientiert gestaltet werden.

Das heißt, die in den Klassen 3 und 4 vorgesehene eine Wochenstunde sollte möglichst in kleineren Zeiteinheiten mehrmals wöchentlich erteilt werden. In Auswertung der Ist-Stand-Analyse wird deutlich, daß im Gegensatz dazu das Fach derzeit überwiegend als Einheit von 45 Minuten unterrichtet wird.

Die Frage: Wie erteilen sie den Unterricht in Begegnungssprache? beantworten die befragten Lehrer wie folgt:

n= 211

als Lehrer für Begegnungssprache in 45 min	BL/45 min	100	47,4 %
als Lehrer für Begegnungssprache und als Klassenlehrer in 45 min	BL + KL/45 min	38	18,0 %
als Klassenlehrer in 45 min	KL/45 min	16	7,6 %
als Lehrer für Begegnungssprache und als Klassenlehrer in kleineren Zeiteinheiten	BL+KL/Seq	9	4,3 %
als Lehrer für Begegnungssprache und als Klassenlehrer in kleineren Zeiteinheiten und in 45 min	BL+KL/Seq+45 min	48	22,7 %

Aus schulorganisatorischer Sicht stellt sich heraus, daß durch den unterschiedlichen Stand, insbesondere der sprachlichen Qualifikation der Lehrer, die Durchsetzung des Klassenlehrerprinzips im Fach Begegnungssprache nicht möglich ist.

Zum größten Teil sind Lehrer eingesetzt, die das Begegnungssprache-Zertifikat des Kultusministeriums bereits erhalten haben oder sich noch in der Weiterbildung befinden. Aus stundenplantechnischen Gründen läßt sich eine Aufteilung in Stundensequenzen unter diesen Gegebenheiten kaum realisieren. Sind die Lehrer für Begegnungssprache gleichzeitig Klassenlehrer einer dritten oder vierten Klasse, versuchen sie in der Regel, Elemente der Begegnungssprache in ihren Unterricht zu integrieren.

Aus methodischer Sicht wird deutlich: Um den entwicklungspsychologisch und pädagogisch notwendigen Forderungen nach Methodenvielfalt gerecht zu werden, wird oft versucht, zu viel in zu kurzer Zeit umzusetzen. So leiden Gruppen- und Partnerarbeit unter Zeitdruck, Spiele mit sprachlichen Inhalten lassen sich kaum im Fünf-Minuten-Rhythmus einsetzen. Eine differenzierte Förderung von sprachbegabten und weniger leistungsfähigen Kindern durch vielfältige Sprechmöglichkeiten braucht ein ausgewogenes Maß an Zeit.

Aus ergebnisorientierter Sicht spitzt sich das Problem im Hinblick auf den Übergang zum Fremdsprachenunterricht zu: Bei der Erteilung von Begegnungssprache als Unterrichtseinheit von 45 Minuten ergibt sich jeweils eine einwöchige Zeitspanne bis zur nächsten Unterrichtseinheit. Da Grundschüler kaum in der Lage sind, selbständig Elemente der fremden Sprache zu üben und wenn doch, die Gefahr von sich verfestigenden Fehlern besteht, ergibt sich für den Umgang mit Sprache eine ungünstig lange Pause. Der Übungs- und Behaltenseffekt ist dadurch entsprechend gering. Trotz methodisch geschickter Unterrichtsgestaltung bleibt über einen längeren Zeitraum nur ein kleines sprachliches Repertoire verfügbar.

Aus diesen Gründen ist klar, daß die Durchsetzung des Klassenlehrerprinzips unter den gegebenen Voraussetzungen nicht realistisch ist und vielerorts zu einem Abbruch des Angebotes führen würde. Daher wird der Grundschullehrer, der Begegnungssprache unterrichtet, auch zukünftig als "Fach"lehrer eingesetzt werden. Auch er soll noch stärker als bisher fächerübergreifend und integrativ arbeiten.

4. Ein freudbetonter und spielerischer Unterricht

"Die Fremdsprachenvermittlung in den Jahrgangsstufen 3 und 4 der Grundschule versteht sich als ein Angebot eigener Art und mit eigener Didaktik. Kennzeichnend sind spielerische Lern- und Arbeitsformen, die individuelle Lernfortschritte ermöglichen.", heißt es in den Empfehlungen der KMK zur Arbeit in der Grundschule i. d. F. vom 06.05.1994.

Diese eigene Art des Fremdsprachenlernens in der Grundschule spiegelt sich im Lehrplan Begegnungssprache in den didaktisch-methodischen Grundsätzen wider:

- Verwenden authentischer Anschauungsmittel,
- Einbeziehen spielerisch-musischer Elemente und der Körpersprache,
- Planen abwechslungsreichen, kleinschrittigen Vorgehens,
- Nutzen schülerzentrierter Arbeitsformen,
- Orientieren an Interessen, Wünschen und Erfahrungen der Kinder,
- Anregen für die Freizeit.

a) Lehr- und Lernformen

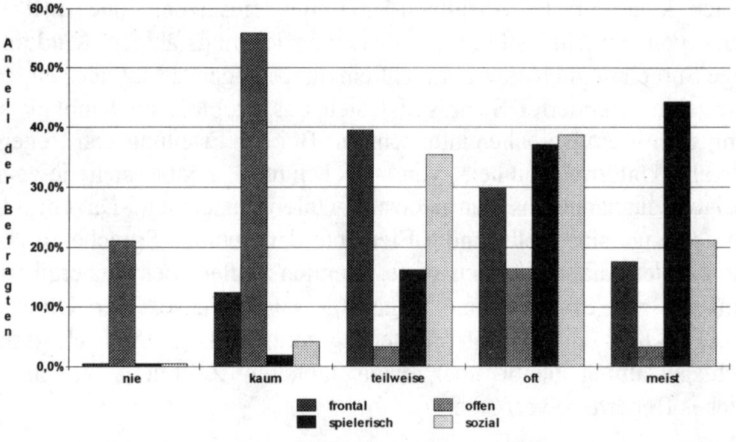

Im Rahmen der Ist-Stand-Analyse wird deutlich, daß im Unterricht Begegnungssprache spielerische (z. B. Rollenspiele, szenisches Gestalten, Singen und Tanzen) und soziale (z. B. Partner- und Gruppenarbeit) Lernformen zahlreich genutzt werden.
Dabei bilden frontale Phasen noch den Hauptanteil, offene Unterrichtsformen kommen kaum zur Anwendung. Hier bestehen Reserven, die von jedem Lehrer in der Unterrichtsgestaltung noch stärker genutzt werden sollten.

Wichtige Erkenntnisse brachte die Frage nach den eingesetzten Unterrichtsmaterialien.

Es scheint, daß die Lehrer bezüglich der Auswahl von Arbeitsmitteln vorrangig verlagsunabhängige Beratung und Informationen benötigen. Authentisches Material wird nur sehr sparsam eingesetzt. Gerade der geringe Einsatz von Kinderbüchern und Kinderzeitschriften regt zum Nachdenken an, denn auch mit diesen Medien ließe sich effektiver und lustbetonter arbeiten.

Die Aussagen zu Lehrbüchern bringen deutlicher zum Ausdruck, daß sich hier die Geister scheiden. Sie werden annähernd zu gleichen Teilen als Unterrichtsmaterial genutzt wie abgelehnt.

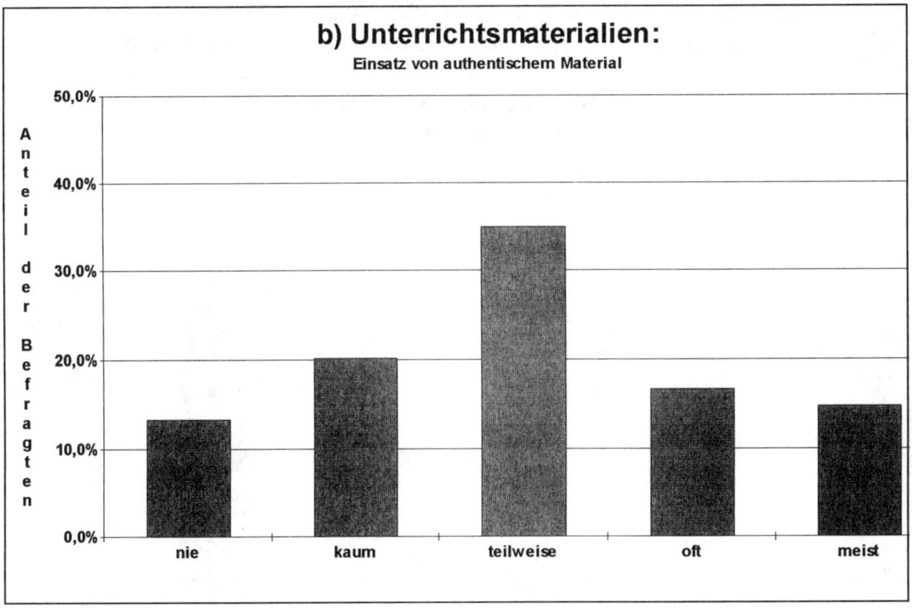

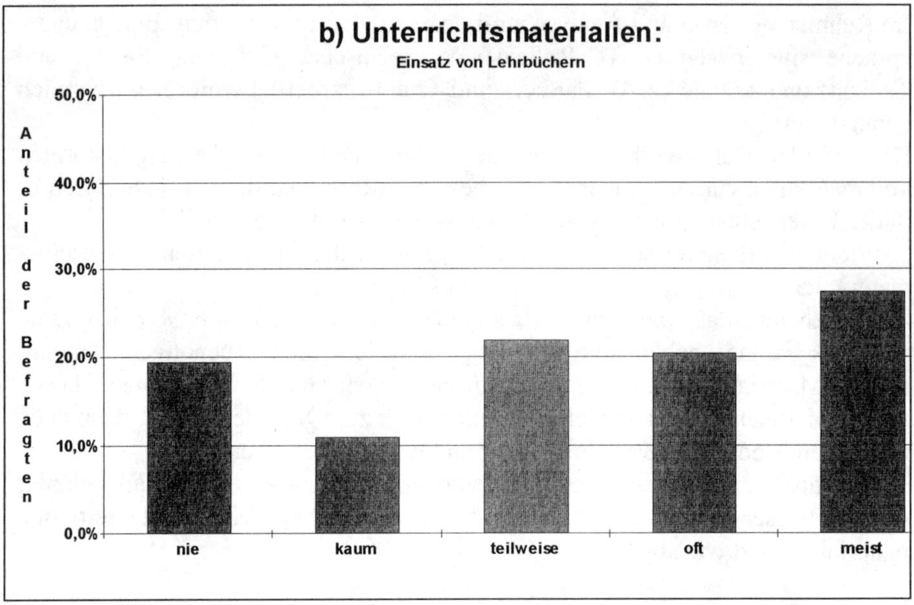

Sicher bieten die Bücher ein Anregungspotential für die didaktisch-methodische Umsetzung, jedoch besteht die Gefahr einer strikten Lernprogression aufgrund des Lehrbuches, die den Intentionen des Faches zuwider läuft.

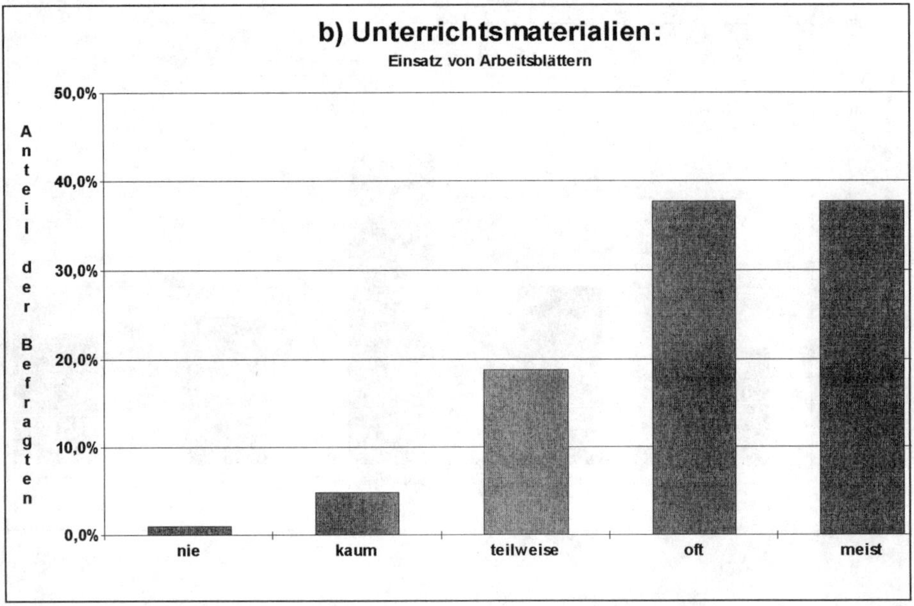

Dagegen werden Arbeitsblätter sehr häufig eingesetzt. Obwohl deren Berechtigung auch im Begegnungssprachenunterricht besteht, ist ihr Nutzen für das Anbahnen sprachlicher Kommunikationsfähigkeit, insbesondere Hörverstehen und Sprechen, zu hinterfragen.

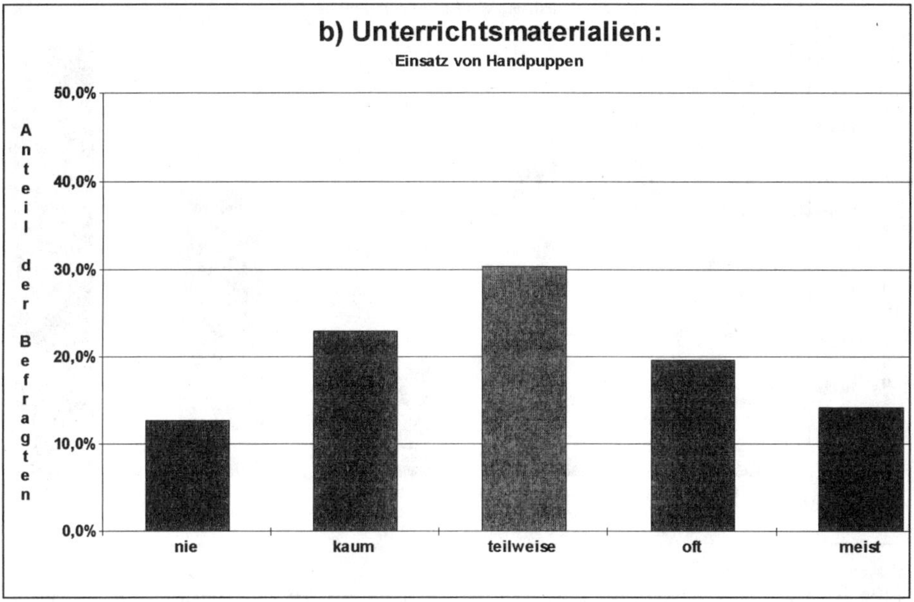

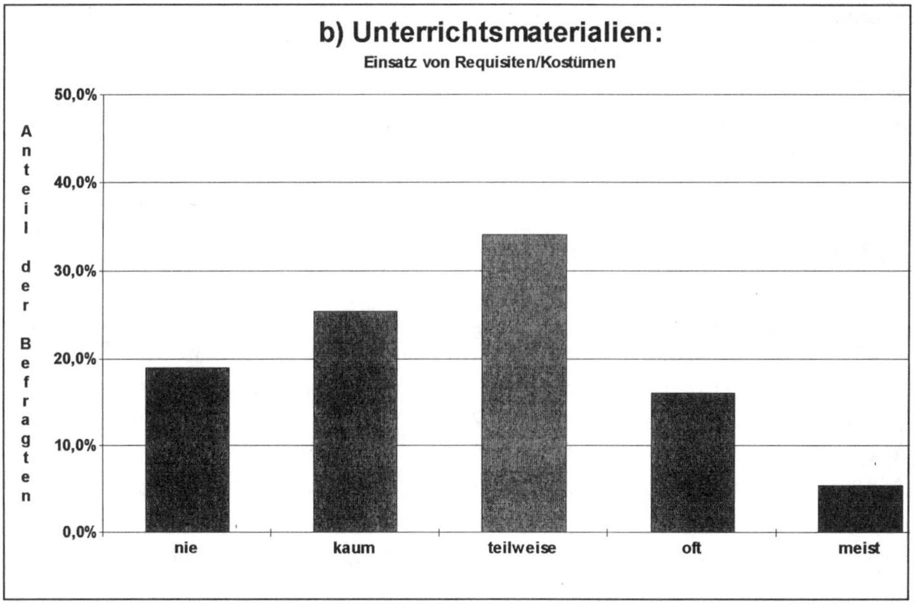

Auffallend ist, daß der Einsatz von Handpuppen, Requisiten und Kostümen nur teilweise genutzt wird.

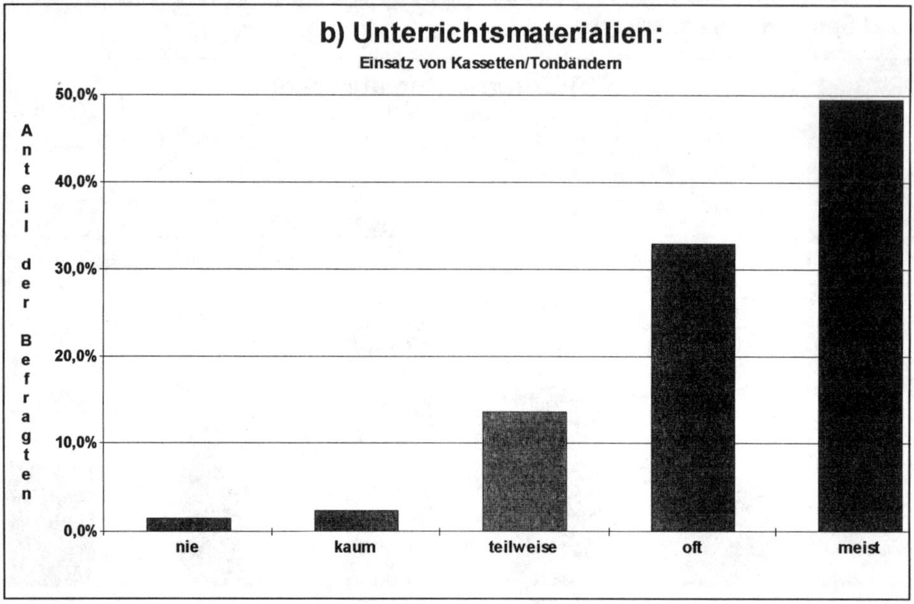

Der Einsatz von Kassetten und Tonbändern ist positiv zu werten. Da Sprachvorbilder gegeben werden können, sollten sie in keiner Unterrichtsstunde fehlen.

Die Analyse macht darauf aufmerksam, daß spezifische Hilfen und Anregungen zur Unterrichtsgestaltung notwendig sind. Es ist geplant, die vielfältigen Initiativen und Ideen, die Erfahrungen und Hinweise aus der Schulpraxis in einer Handreichung zusammenzufassen.

5. Europäische Sprachen - Nachbarsprachen

Eine wichtige Dimension des Fremdsprachenlernens in der Grundschule ist die Frage der Sprachenwahl. Im allgemeinen sind die zur Wahl stehenden Sprachen im Grundschulbereich mit Blick auf die konkrete Begegnungssituation im grenznahen Raum, auf ein mögliches späteres Aufgreifen beziehungsweise Weiterführen im Sekundarbereich oder auf Sprachen, die von ausländischen Mitbürgern gesprochen werden, vorgegeben. In Sachsen können die Schulen in eigener Verantwortung und bedingt durch örtliche und personelle Gegebenheiten wählen, welche der sieben zur Wahl stehenden Sprachen Englisch, Französisch,

Russisch, Sorbisch, Tschechisch, Polnisch und Spanisch jeweils unterrichtet werden.

Die *Sprachenwahl* erfolgte an den befragten Schulen nach folgenden Schwerpunkten: (Mehrfachnennungen möglich)

Qualifikation der Lehrer	zu 79.6%
Elternwunsch	zu 40.7%
Weiterführung in der Sek. I	zu 7.6%
örtlichen Gegebenheiten (Nachbarschaften)	zu 6.7%
Bedeutung der englischen Sprache in der Lebenswirklichkeit	zu 5.9%

Auf diesem Hintergrund begründet sich die Dominanz der englischen Sprache im Angebot der Begegnungssprachen in Sachsen. An 96, 4 % aller (1235) Grundschulen wird als Begegnungssprache Englisch angeboten. An 78 Grundschulen wird als Begegnungssprache Französisch gelehrt. Der angestrebte konkrete Begegnungscharakter wird maßgeblich in und um Pirna mit Tschechisch als Begegnungssprache realisiert.

Das Angebot wird motiviert durch die bilateralen Beziehungen in der Euro-Grenzregion, die Gestaltung des Projektes "Bilinguales-binationales Schillergymnasium Pirna" und die natürlichen Begegnungssituationen im grenznahen Raum. In dem Zusammenhang bestehen Schulpartnerschaften, findet Lehreraustausch statt und werden gemeinsame Schullandheimaufenthalte organisiert.

6. Übergang in weiterführende Schularten

Sprachenangebot, Sprachenwahl, kommunikatives Repertoire und persönliche Komponente bedingen den Übergang von der Begegnungssprache zum Fremdsprachenunterricht. Die sogenannte Übergangsproblematik ist nur in einem konstruktiven und verständnisvollen Miteinander von Lehrern verschiedener Schularten und Eltern im Interesse der Kinder zu bewältigen.

Gerade in diesem Zusammenhang weisen die Schulleiter im Rahmen der Ist-Stand-Analyse auf Schwierigkeiten hin. Während immerhin 27% der befragten Schulen angeben, bisher bzw. zur Zeit im fremdsprachlichen Bereich mit weiterführenden Schularten nicht zusammenzuarbeiten, haben sich in der Mehrzahl der Schulen unterschiedliche Formen der Zusammenarbeit bewährt.

Als *Formen der Zusammenarbeit* wurden angegeben:

Erfahrungsaustausche mit Mittelschulen und Gymnasien, gemeinsame Hospitationen und Fachkonferenzen	42.4%
individuelle Absprachen mit einzelnen Lehrern	17.8%
Absprachen auf Schulleiterebene	6.0%
Absprachen über Fortbildung/Fortbildner	11.0%

An einzelnen Schulen existieren Arbeitskreise, die sich mit der Problematik beschäftigen. Themen gemeinsamer Gespräche und Hospitationen an Mittelschulen und Gymnasium sind z. B.:

- Ziele und Inhalte der Begegnungssprache,
- fremdsprachliche Lerngelegenheiten,
- grundschulspezifische Materialien, Medien, Methoden und
- erforderliche Neuorientierung beim Start in den Fremdsprachenunterricht an weiterführenden Schulen.

Zum Großteil werden Gespräche zum Begegnungssprachenunterricht in die Thematik Übergang in weiterführende Schulen eingebunden.

Der Beschäftigung mit der Fremdsprache kommt ein Wert an sich zu. Auch die Vermittlung einer Sprache, die nicht fortgeführt wird, schafft günstigere Dispositionen und eine erhöhte Sensibilität für weiteres Fremdsprachenlernen. Die Kinder werden ihre Erfahrungen mit der Fremdprache in den Fremdsprachenunterricht der weiterführenden Schulen einbringen, woraus sich auch für den Fremdsprachenunterricht insgesamt eine Herausforderung ergibt. Die Diskussion um Weiterführung und Kontinuität beim Umgang mit der Fremdsprache ist als ein Teil der Übergangsproblematik in die weiterführenden Schulen zu betrachten. Dabei sind die oben genannten Formen der Zusammenarbeit auf lokaler Ebene wichtige Lösungsansätze.

Der bisher jährlich auf Oberschulamtsebene durchgeführte Erfahrungsaustausch mit Lehrern, die Begegnungssprache unterrichten, mit Fremdsprachenlehrern der Sekundarstufe I, die besonders in den Eingangsklassen unterrichten, mit Schulräten für Grund- und Mittelschulen und mit Vertretern der Schulaufsicht sind dafür Anregung und Wegweiser.

7. Elterninformation

Neben der Zusammenarbeit mit weiterführenden Schulen erweist sich die Information der Eltern und die Zusammenarbeit mit ihnen als wichtig.
In den folgenden Aussagen kommen die unterschiedlichen Erwartungen der Eltern zum Ausdruck:

"Da die Eltern trotz entsprechender Darlegungen Begegnungssprache als Fremdsprachenunterricht betrachten, akzeptieren sie nur Englisch."

"Da viele Schulen dieses Fach in Englisch unterrichten, befürchten einige Eltern, daß ihre Kinder ab Klasse 5 den Anschluß im Englischunterricht verpassen."

"Trotz Information der Eltern gehen diese oft von ihrer eigenen Sprachausbildung aus und können schlecht akzeptieren, daß es in Klasse 3 und 4 noch nicht um das systematische Lernen einer Fremdsprache geht."

"Die Eltern sind oft nur auf Englisch orientiert, da ist die Argumentation schwierig, um Eltern die anderen möglichen Sprachen zu begründen. Häufiges Argument der Eltern: in Klasse 5 lernen Kinder Englisch und sind daher mit anderen Sprachen benachteiligt."

Diese Aussagen stehen im Raum, obwohl nach Angabe der Schulleiter die Eltern in allen befragten Schulen in Elternabenden über das Konzept der Begegnungssprache informiert werden.

Die Schulleiter geben an, über das Anliegen, Aufgaben, Ziele, Inhalte und Materialien das Faches Begegnungssprache zu informieren. Dabei nutzen einzelne Schulen Videoaufzeichnungen aus dem Unterricht.

Öffentlichkeitsarbeit zum Thema Begegnungssprache wird von den Grundschulen darüber hinaus z. B. über Wandzeitungen, Elternbriefe, Ausstellungen, Tage der offenen Tür, Projekte, Programme mit Kindern und Veröffentlichungen im Ortsblatt realisiert.

Immer wieder stellen die befragten Schulleiter dar, daß sie den Eltern verdeutlichen, Begegnungssprache sei nicht mit einem vorgezogenen Fremdsprachenunterricht gleichzusetzen. Wie die Aussagen zum Meinungsbild einiger Eltern zeigen, ist hier auch in Zukunft Aufklärungsarbeit in verschiedenen Formen notwendig.

Nicht zuletzt werden die Begleitung der Übergangsphase, die Erfahrung der Schüler mit einer anderen Begegnungssprache als Englisch im Fremdsprachenunterricht, aber auch die wachsende Bedeutung der Mehrsprachigkeit im Berufs- und Privatleben für diesbezügliche Information und Aufklärung Argumente liefern.

8. Lehrerqualifikation

Von entscheidender Bedeutung für die erfolgreiche Umsetzung des Lehrplanes im Fach Begegnungssprache ist die Qualifizierung der Grundschullehrer, die in diesem Fach unterrichten.

Der bildungspolitische Mut, mit dem Schuljahr 1992/93 das Fach Begegnungssprache in den Fächerkanon der Grundschule aufzunehmen und damit die Voraussetzung für ein flächendeckendes Angebot zu ermöglichen, wurde von den anderen Bundesländern teils bewundernd teils skeptisch aufgenommen.

Bereits im Herbst 1992 begann an den sächsischen Volkshochschulen eine erste Stufe einer berufsbegleitenden Weiterbildung für Grundschullehrer.

Das Ziel der Weiterbildung besteht im Erwerb des Zertifikates des Sächsischen Staatsministeriums für Kultus. Dazu sind folgende Nachweise zu erbringen:
- Volkshochschulzertifikat,
- Teilnahme an einem speziellen Didaktikkurs im Umfang von 30 Stunden,
- Lehrprobe.

In die Beurteilung der Lehrprobe werden u. a. folgende Kriterien einbezogen:
- die fremdsprachliche Qualifikation der Lehrer, die sich durch den freien Gebrauch der Fremdsprache in der Unterrichtsführung einschließlich einer reichhaltigen Gestik und Mimik auszeichnen sollte;
- ein breites Spektrum methodischer Maßnahmen und Verfahren, das eine abwechslungsreiche und den entwicklungspsychologischen Besonderheiten von Kindern im Alter von 9 bis 10 Jahren entsprechende Unterrichtsgestaltung ermöglicht;
- die lebendige Führung des Unterrichts, die die Neugier der Kinder auf die fremde Sprache anregt und wachhält;
- die Aktivierung aller Schüler durch die Nutzung verschiedener Sozialformen des Lernens;
- die Einbeziehung von Liedern, Reimen, Rätseln, Spielen und anderen musischen Elementen (z. B. Malen, Gestalten) um auch die affektive Komponente des Lernbereiches zu berücksichtigen.

Bei der Abnahme der Lehrproben wird deutlich, daß die Sicherheit der Grundschullehrer in der fremdsprachigen Unterrichtsführung derzeit das Hauptproblem bildet. Entwicklungspsychologisch gesehen, sind Grundschulkinder imitationsbereiter als ältere Schüler. Imitationsbereitschaft ist aber nicht gleich Imitationsvermögen. Um dieses bei den Kindern zu schulen, muß der Lehrer vor allem sprachliches Vorbild sein.

Die Grundschullehrer zeigen sich dankbar für die Möglichkeit, ein europaweit anerkanntes Sprachzertifikat erwerben zu können. Das stärkt ihr Selbstvertrauen für die unmittelbare Tätigkeit im Unterricht und die Zusammenarbeit mit Lehrern weiterführender Schulen.

Bis 1. Oktober 1995 haben bereits 410 Grundschullehrer die berufsbegleitende Weiterbildung abgeschlossen und das Zertifikat des Sächsischen Staatsministeriums für Kultus erhalten. Das ist eine große Zahl, wenn man bedenkt, daß bei der Einführung des Faches viele Lehrer geringe sprachliche Vorkenntnisse hatten und mit Fleiß, Engagement und Interesse eine Sprache erlernten bzw. vorhandene, meist in der Schulzeit im fakultativen Sprachunterricht erworbene Kenntnisse erweiterten.

Um einen sprachlich und methodisch gesicherten Unterricht im Fach Begegnungssprache zu gewährleisten, ist auch weiterhin eine konsequente Fort- und Weiterbildung der Lehrer vonnöten. Einen besonderen Schwerpunkt bildet dabei die regionale Fortbildung.

An der Sächsischen Akademie für Lehrerfortbildung, Außenstelle Hohenprießnitz, finden Kurse für Fortbildner statt. Die Fortbildner führen Didaktikkurse der berufsbegleitenden Weiterbildung sowie Veranstaltungen der regionalen Fortbildung durch und regen den Erfahrungsaustausch zwischen den Lehrern an.

Schulinterne Fortbildung, regionale Angebote und Zusammenarbeit mit anderen Schularten sind Formen, die auch in den folgenden Jahren ausgebaut werden sollen.

Zur Durchführung der Fort- und Weiterbildungsmaßnahmen benötigt das Sächsische Staatsministerium für Kultus Partner. Dazu zählen u. a. die Volkshochschulen, die französischen Kulturzentren in Dresden und Leipzig.

Zukünftig ist vorgesehen, ein entsprechendes Angebot auch in der grundständigen Ausbildung für das Lehramt an Grundschulen zu berücksichtigen.

9. Perspektiven

Begegnungssprache ist ein Anspruch und eine Aufgabe für Grundschule, sowohl im Zusammenhang mit der pädagogischen Profilierung der Grundschule als Lebens- und Lernraum der Kinder als auch in der Fort- und Weiterbildung der Lehrer. Der Blick in die Schulpraxis und hin zu vergleichbaren Konzepten in anderen Bundesländern weist deutlich darauf hin, daß ein Entwicklungsprozeß stattfindet, der auch weiterhin Ideenreichtum und Entscheidungswillen verlangt.

Die Arbeitsgruppe Begegnungssprache im Sächsischen Staatsministerium für Kultus, die alle mit dem neuen Fach im Zusammenhang stehenden Fragen begleitet, arbeitet zur Zeit an der Weiterentwicklung des Konzeptes Begegnungssprache.

Der im Ergebnis der Expertentagung "Fremde Sprachen in der Grundschule" erreichte Diskussionsstand war Anlaß und Gelegenheit, über Schlußfolgerungen, die der gegenwärtigen Situation in der Schulpraxis und den Erkenntnissen in der fachlichen Diskussion Rechnung tragen, nachzudenken und das Konzept weiterzuentwickeln. Ausgangspunkt für die Überlegungen waren der Qualifikationsstand der Lehrkräfte, die Möglichkeiten des Unterrichtseinsatzes, daraus resultierend Möglichkeiten der Unterrichtsorganisation und Elemente der didaktisch-methodischen Gestaltung, mit dem Ziel, dem Anliegen des Fach noch besser gerecht zu werden.

Bei der konzeptionellen Neuorientierung werden die Entwicklung einer elementaren Kommunikationsfähigkeit in einer Fremdsprache und die Förderung einer aufgeschlossenen Haltung gegenüber fremden Sprach- und Kulturgemeinschaften besonders im Rahmen des europäischen Einigungsprozesses weiterhin als zentrale Ziele angesehen. Die Beschäftigung mit der Fremdsprache bleibt ein grundschulspezifisches Angebot für alle Schüler ohne Notengebung und ohne Versetzungsrelevanz.

Das modifizierte Konzept der Begegnungssprache sieht vor zu erproben, in wieweit sich die didaktisch-methodische Gestaltung der Begegnungssprache unter Einbeziehung musisch-künstlerischer Aspekte effektiver gestalten läßt. Dies soll erfolgen, indem die zweite Wochenstunde Kunsterziehung in Klasse 3 und in Klasse 4 die zweite Wochenstunde Musik integrativ für Begegnungssprache genutzt wird. Geeignete Lehrplanthemen aus Musik und Kunsterziehung sollen dabei in die Begegnungssprache verlagert werden. Zum Beispiel kann die Erstellung gestalterischer Ausdrucksmittel für das darstellende Spiel mit verschiedenen Themen in der Begegnungssprache verknüpft werden.

Verstehensleistungen und Sprechakte werden in künstlerisch gestaltete Handlungssituationen eingebettet. Durch Improvisieren, szenisches Gestalten, Umsetzen von Musik in Bewegungen, Gestalten von Volkstänzen, das Singen von Kinder- und Volksliedern können musisch-künstlerische Elemente in der Begegnungssprache tiefgründiger und wirkungsvoller realisiert werden.

Die enge Verbindung von Lehrplaninhalten der Fächer Musik und Kunsterziehung mit Begegnungssprache ermöglicht so, zwei Wochenstunden in der Begegnungssprache zu unterrichten, ohne die Stundentafel zu erweitern. Die Erprobung der modifizierten Stundentafel für den Unterricht in Begegnungssprache mit den didaktisch-methodischen Konsequenzen findet im Schuljahr 1996/97 an 20 ausgewählten Grundschulen im Freistaat Sachsen statt. Ziel ist es, inhaltliche und schulorganisatorische Umsetzungsvarianten im Schulalltag zu erproben und zu prüfen, inwieweit sich dabei gewonnene Erfahrungen übertragen lassen.

Drei Schwerpunkte stehen im Blickpunkt:

a) die inhaltliche Weiterentwicklung des Faches Begegnungssprache und die Zusammenführung der entsprechenden Erfahrungen in einer Handreichung;
b) die Erprobung der organisatorischen Varianten und deren Realisierbarkeit im Schulalltag;
c) die Gestaltung von Formen der Zusammenarbeit und Information.

Während einer Informationsveranstaltung wurde den beteiligten Schulen das Konzept detailliert vorgestellt und mit ihnen diskutiert. Auf der Grundlage eines Dokumentationsbogens und eines Erfahrungsaustausches an der Sächsischen Akademie für Lehrerfortbildung sollen die Ergebnisse der Erprobung ausgewertet werden.

Mit dem Blick auf die Vorbereitung einer neuen Lehrplangeneration werden besonders auch aus dem Fach Begegnungssprache Impulse zum fächerübergreifenden, integrativen Unterrichten, Erkenntnisse zur Entwicklung der Sprachfähigkeit und Anregungen zur weiteren Ausgestaltung der sächsischen Grundschule erwartet.

Sabine Reiter

Zur Forderung nach kreativem Arbeiten im Fremdsprachenunterricht mit jungen Lernern. Begründungen und praktische Vorschläge aus dem Bereich der englischen Sprache.

Der folgende Beitrag befaßt sich in der ersten Hälfte mit der Notwendigkeit von Kreativität generell. In der zweiten Hälfte wird diese Notwendigkeit auf den Fremdsprachenunterricht übertragen. An zwei Beispielsequenzen soll die praktische Durchführung kreativer, interaktiver Übungsformen im Unterricht mit jungen Lernern demonstriert werden. Eine Sequenz orientiert sich dabei an einer Lehrbuchübung und stellt mögliche alternative Verwendungsformen vor. Die andere basiert auf Materialien und Aktivitäten, die lehrbuchergänzend oder lehrbuchunabhängig eingesetzt werden können.

1. Studierende des Lehramtes Englisch

Wenn sie nach Wünschen und Vorstellungen bezüglich ihres zukünftigen Berufes gefragt werden, nennen sie eines immer wieder an vorderster Stelle: Englischunterricht möge Freude bereiten und Spaß machen, den Schülern, aber auch ihnen selbst. Freude und Spaß am und im Unterricht werden zu Gradmessern des Erfolges. Wer erfolgreich ist, wird sich auf Dauer täglich neu stellen, Initiativen ergreifen, Ideen entwickeln, Kontakte suchen und sich einbringen. Er wird Dingen seine Handschrift verleihen. Bloß keine Routine! Das stumpft ab, das tötet! Was für das Leben gilt, den Alltag also, kann doch in der Schule nicht anders sein! Man muß eben kreativ sein - als Lehrer und als Schüler (oder sollte man eher sagen als Schüler und als Lehrer?) Kinder sind ja sowieso kreativ. Die Ideen, die die manchmal haben! Aber wie ist das eigentlich mit den Lehrern? Haben die überhaupt eine Chance kreativ zu sein? Bei der Belastung? Kreativität braucht doch zuallererst Zeit und Muße! Da braucht es Mut und Ideen, da muß man Dinge anders machen, aus dem Schatten treten, über Grenzen sehen. Wie beim Design: das Material, die Form, die Farbe müssen stimmen und die Mischung macht's. Wenn überhaupt, dann müßten das KindergärtnerInnen und GrundschullehrerInnen besonders gut können.

2. Was verbirgt sich nun hinter dem Schlagwort des kreativen Fremdsprachenunterrichtes?

Bowers[1] bedient sich bei dem Versuch der Beantwortung dieser Frage der atomphysikalischen Theorie der 'quarks'. Es gibt vier 'quarks'. Sie sind die Elementarbausteine der Materie. Durch die unterschiedlichen Kombinationen, die sie miteinander eingehen, entsteht letztlich die unerschöpfliche Vielfalt des Universums. Lange bevor sie allerdings nachgewiesen wurden, ordneten Theoretiker den vier Bausteinen die vier Eigenschaften *COLOUR, STRANGENESS, LIGHT und CHARM* zu und konnten daraufhin die vorgefundene Vielfalt des Universums plausibel erklären.

Im Gegensatz zur Physik, in der es gilt, Vielfalt zu beschreiben, kommt es im Fremdsprachenunterricht darauf an, Vielfalt im Sinne von Kreativität zu erzeugen. Bowers nutzt daher bewußt die vier oben genannten Eigenschaften. *COLOUR*, Farbe, steht für einen bunten und farbenfrohen Unterricht, in dem die vielfältigsten Materialien zum Einsatz kommen, die, den Farben gleich, Emotionen ansprechen. So assoziieren wir die Farbe Rot unmittelbar mit Feuer oder Blut. Steht sie aber nicht auch für Hitze, Aufregung, Bedrohung oder eine Warnung? Farbe ermöglicht uns einerseits, unsere Welt zu beschreiben, andererseits aber auch auf sie zu reagieren. Unterricht, dem das Emotionale fehlt, ist 'inevitable, incomplete, impersonal, academic, uncreative, in fact monochrome'.[2] Lehrer und Lerner sind aller couleur. Wege und Lösungen sind es ebenso. Schwarz oder Weiß im Sinne von Richtig oder Falsch gibt es nicht.

STRANGENESS kann für Fremdes, Unbekanntes, Eigenartiges stehen. Ist eine *Fremd*sprache nicht etwas ganz Außergewöhnliches? Kann Fremdsprachenunterricht den Intellekt nicht in außerordentlichem Maße stimulieren und Neugier bei Lernern und Lehrern gleichermaßen wecken?

'Our greatest danger, perhaps, is that of sameness and complacency - falling into a pattern of practice which deprives us of the stimulation of doing something new, of living dangerously, of that sensation as we start a new lesson of walking on ball bearings. If we become too sure of our ground, too happy to stay within the bounds of the coursebook, too ready to do always that which we have done before because it seemd to work, we run the risk of becoming increasingly efficient but increasingly ineffective, and of becoming boring to others because we become bored ourselves.[3]

Es geht also um das Wagnis, die Rolle von Lernern und Lehrern im Unterricht kritisch zu überprüfen, Aufgaben und Inhalte ständig zu hinterfragen und nicht zuletzt um die Bereitschaft, kalkulierbare Risiken einzugehen, wenn es heißt, Neues ausprobieren zu wollen, Schritt für Schritt, auf die unterschiedlichste Weise, nach dem Prinzip von Versuch und Irrtum.

LIGHT, Licht zunächst im Sinne leichter Unterhaltung, erinnerte an die Vorstellungen der Studenten, den Anspruch also, daß Unterricht Spaß und Unterhaltung sein kann. Das geht nicht ohne Körpersprache, Gestik und Mimik, Streiten und Lachen. *LIGHT,* im Sinne von Gewicht steht dafür, Stunden so zu planen, daß den Lernern Raum bleibt, sich einzubringen. Unterrichtszeit ist gemeinsame Zeit. Es gilt, sie fair zu teilen.

CHARM bedarf wohl keiner begrifflichen Erläuterung. Sprache hat ihn. Sie verzaubert und macht uns denken. Sensibilisieren und begeistern wir die Lerner dafür. Gut geeignet, wenn mit Bedacht gewählt, ist Literatur, die in ihren unterschiedlichsten Schattierungen im Unterricht zum Sympathieträger für die Fremdsprache werden kann. Aus der Sicht der zwischenmenschlichen Beziehungen bedeutet *Charm* auch eine Atmosphäre von Freundschaft und Verständnis. Für einen Fremdsprachenlehrer heißt das, die Lerner für die Sprache, aber auch für sich zu gewinnen.

Kreativität im Unterricht, so kann geschlußfolgert werden, kann weder erzwungen noch verordnet oder von heute auf morgen realisiert werden. Kreativität im Unterricht kann jedoch organisiert werden, wenn die genannten vier Kriterien im Prozeß der Unterrichtsplanung einander abwechslungsreich zugeordnet werden und dabei durch unterschiedliche Wichtung in ihrem Zusammenspiel bei der Durchführung des Unterrichtes die gewünschte Vielfalt erzeugen. Kreativität ist gebunden an ein solides Fundament, ein Bedingungsgefüge aus Herausforderung, Risiko, Emotionen, Atmosphäre und Menschlichkeit. Sie fordert einen konsequenten Bruch mit althergebrachten Rollenklischees im Fremdsprachenunterricht und verändert so den Spielraum von Lerner *und* Lehrer.

3. Ist Kreativität erlernbar?

Im allgemeinen ist Kreativität leicht zu erkennen. Da ist ein kreatives Produkt: ein ungewöhnliches Kleidungsstück, ein futuristisches Möbelstück, ein eigenwilliges Gefäß, ein beeindruckendes Gedicht, eine tolle Komposition, ein fantastisches Gemälde. Geht es uns im Fremdsprachenunterricht um solche Produkte? Früher ging es dem Fremdsprachenlehrer sehr wohl darum, dem Schüler etwas zu vermitteln, das dieser zum Zeichen des erfolgreichen Lernens dafür benutzte, etwas Kreatives zu leisten. So wurden Wörter und Wendungen vermittelt und geübt, um eine Geschichte zu schreiben. Der Schüler stellte damit Gelerntes unter Beweis. Heute steht für die meisten Lehrer außer Frage, daß im Sprachlernprozeß das Geschichtenschreiben selbst, um bei diesem Beispiel zu bleiben, zutiefst kreativ ist. Dieser kreative Prozeß sei von größerem Interesse als das kreative Produkt. Es wäre somit eine veränderte Rezeption des Begriffs Kreativität zu beobachten.[4] Wir vertreten den Standpunkt, daß Produkt und Prozeß sich gegenseitig bedingen. Dem Lerner geht es in der Regel durchaus darum, zu einem Ergebnis zu kommen, es verleiht seinem Tun einen Sinn. Durch den Vergleich in der Gemeinschaft gelangt er zur Selbsteinschätzung, die in Ansätzen bereits die gedankliche Planung oder Organisation kommender Prozesse beeinflussen kann. Kreative Resultate können Auslöser neuer kreativer Prozesse sein, sind der Interaktion im Unterricht förderlich. Somit ist Kreativität in jedem Fall wünschenswert. Kehren wir an dieser Stelle zu unserer Ausgangsfrage nach deren Erlernbarkeit zurück. Betrachten wir zunächst den Lehrer.

4. Wie kann schlummerndes Potential geweckt werden?

Beginnen wir mit dem *Sammeln von Ideen.* Wright[5] nennt die inzwischen häufig praktizierten Techniken des *Brainstorming* und *Webbing*. Notiert man bei dem ersten Verfahren alles, was einem zu einem bestimmten Thema in den Sinn kommt, ohne Schlüsse über Realisierbarkeit, Relevanz oder Reihenfolge zu ziehen, so *webt* man im zweiten Fall, einem roten Faden gleich, ein Netz von zusammenhängenden, sich auseinander ergebenden Ideen oder Gedanken auf ein Blatt Papier oder an die Tafel. Weiterhin gilt es, bewußter mit *Medien* im weitesten Sinne umzugehen. Jedes Objekt, jede Situation kann nützlich sein. So kann eine unsaubere, schmierige Tafel voller Kreidereste Anlaß sein, die Schüler nach genauem Betrachten sagen zu lassen, was sie wohl sehen. Ist uns das nicht aus der Natur bekannt? Da sieht eine Wolke aus wie ein Pferd, ein Berg wie ein Gesicht oder eine Baumgruppe wie eine Karawane. Wir haben es probiert und waren über die Phantasie der Schüler erstaunt. Vergißt man nicht, die so gesammelten Begriffe in einen neuen kreativen Prozeß einfließen zu lassen - es könnten 'richtige' Bilder entstehen, die durch wenige, auch einfache Sätze zu kleinen Geschichten oder Versen werden - schafft man die Grundlage für weitere Aktivitäten, neue kreative Prozesse mit anderen kreativen Resultaten.

Eine andere Methode, seiner Kreativität auf die Sprünge zu helfen, ist es, einen Zielpunkt zu setzen. Erfahrene Lehrer planen vor dem Unterricht, wie sie etwas Bestimmtes erklären wollen oder wo sie welche farbige Kreide benutzen möchten, wie die Tafel oder andere Medien eingesetzt werden. Denkt man weiterhin darüber nach, wie eine Geschichte durch den Einsatz von Stimme und Körpersprache am wirkungsvollsten erzählt werden kann, wie die Schüler neugierig gemachen werden können, welches Thema gewählt werden sollte und wie es den Schülern nahegebracht oder optimal vermittelt werden kann, ist das ein weiterer Schritt in die richtige Richtung. Formale Übungen zum Briefeschreiben sollten zum Beispiel zugunsten echter Briefe an eine richtige Adresse in den Hintergrund treten. Kreativität ist unausweichlich, wenn Thema und Aktivitäten für beide Seiten interessant sind. Dazu gehört nachzudenken, was wohl für den Lerner der ganz besondere Aspekt an einem Thema sein kann. Um das mit einem Beispiel zu belegen, möchten wir die Lexik des Themas Bekleidung nennen. Die Lehrbücher bieten gewöhnlich das folgende Vokabular: Bluse, Rock, Hose, Pullover usw. Uns fragten Lerner allerdings nach den englischen Wörtern für Weste, Latzhose oder, man beachte das Kuriosum, Leggings, die eindeutig zeitgemäß und damit von wesentlich größerer Relevanz sind.

Kreativität entsteht auch, wenn der Lehrer an sich selbst *Herausforderungen* stellt. Das ist immer dann der Fall, wenn Bekanntes in bisher unüblicher Weise für den Fremdsprachenunterricht verwendbar gemacht werden soll oder Spiele so zu variieren sind, daß sie Abwechslung in den Unterricht und die Interaktion der Lerner bringen. Neue Aktivitäten zu erfinden gehört auch dazu.

Faßt man die typischen Verhaltensweisen kreativer Lehrer zusammen, so ergibt sich folgendes Ergebnis:

'Kreative Lehrer sind flexibel und bereit, von 'eingefahrenen Gleisen abzuweichen'; entwickeln Einfallsreichtum bei Einführung und Darbietung neuen Unterrichtsstoffes; haben ein gutes Verhältnis zu allen Schülern, aber gewöhnlich besonders leicht Zugang zu Schülern mit ausgeprägter Begabungen zu divergierendem Denken; Dies steht in direktem Gegensatz zum üblichen Verhältnis zwischen Lehrern und kreativen Schülern;...'[6]

Ganz natürlich sind wir im Verlauf unserer Betrachtungen bei den Lernern angelangt.

5. Kann Lernerkreativität im Fremdsprachenunterricht gefördert werden?

Kreative Leistungen der Lerner sind zum einen durch Herausforderungen an ihn möglich:

'The number of potential challenges is great; however, the ones I use are: Challenge to Identify, Challenge to Match, Challenge to Group, Challenge to Sequence, Challenge to Order (rank) and Challenge to Remember.'[7]

Im muttersprachlichen Kontext wäre das Betrachten und Beschreiben eines Bildes sicher kein natürlicher Sprechanlaß. Das ist in der Fremdsprache genauso wenig der Fall. Erteile ich die Aufgabe, sich ein Bild einzuprägen, um aus dem Gedächtnis etwas dazu sagen zu können, ist das Erinnerungsvermögen der Lerner gefordert. Gebe ich nur einen Moment, das Bild zu betrachten, um es im

Vergleich mit anderen wiederzuerkennen oder Unterschiede festzustellen, braucht er die Fähigkeit, Dinge zu identifizieren. Soll aus einer Anzahl von Bildunterschriften die passende gefunden werden, geht es darum, nach bestimmten Kriterien eine Wahl zu treffen und eine Zuordnung vorzunehmen. Diesen Ansatz weiterzuverfolgen, würden wir vorschlagen, die verbleibenden Bildunterschriften entsprechend ihrer Eignung oder Relevanz in eine Reihenfolge bringen zu lassen. Das Ergebnis kann auch aus subjektiver Sicht begründet werden. Die Unterschriften können in Gruppen zusammengefaßt werden. Bilder, die den Unterschriften besser entsprechen, können gesucht oder gemalt werden.

Untersuchungen zeigten, 'daß die Ermunterung, etwas Neues zu probieren,...., Selbsteinschätzung und- bewertung und ähnliches so förderte, daß damit das Auftauchen von Kreativität günstig beeinflußt wurde.[8]

Lernerkreativität läßt sich zum anderen entfalten durch:
'*1.Creativity as an end in itself 2.Tasks which encourage creativity 3. Material which is creative in itself 4.Tasks which are creative in themselves.*'[9]

Lerner werden folglich kreativ, wenn sie A) Ideen in der Fremdsprache formulieren. Wir vertreten die Meinung, daß die Impulse und Anlässe dazu aus den Reihen der Lerner selbst, aber auch vom Lehrer kommen können. Ein Ereignis, ein Bild, eine Meinung, eine Provokation usw. können Auslöser sein, Gedanken oder Ideen versprachlichen zu wollen oder durch ein anderes Medium mitzuteilen. In der Muttersprache gehört das zu den ganz selbstverständlichen Dingen. Das sollte ungezwungen und auf natürliche Weise ebenfalls in der Fremdsprache geschehen können.

Der Lernerkreativität können B) gewählte Aufgaben und Aktivitäten förderlich sein. Wir verstehen darunter, daß sie ein sogenanntes *problem-solving element* enthalten oder auf dem *information-gap* Prinzip basieren sollten. Aus dem Bereich der im muttersprachlichen Kontext vertretenen Spiele mag dies vielleicht das wohl allen bekannte Schiffeversenken verdeutlichen können. Die beiden Spieler wissen nicht, wo der Gegner seine Schiffe im Spielfeld plaziert hat, müssen aber, um zu gewinnen, alle versenken. Beide stehen vor dem Problem, herausfinden zu müssen, wo sich die Schiffe des Gegners befinden und sich im Spielverlauf ergebende Vermutungen, freiwillig oder unfreiwillig gegebene Informationen, zu nutzen. Übungsformen aus dem Bereich das Fremdsprachenunterrichtes sind beispielsweise Bilddiktate (ein Schüler hat das Bild und muß es dem anderen so beschreiben, daß er es malen kann, Fragen sind nur in vereinbartem Umfang oder gar nicht erlaubt); Wegbeschreibungen (jeder hat andere Informationen auf seinem Stadtplan und kann dem Partner auf Anfrage helfen, seinen Weg zu einem bestimmten Ziel zu finden); Zimmer/Wohnung 'möblieren' (es gilt herauszufinden, wo sich welches Möbelstück befindet; wobei man sich sicher sein kann, daß der Kühlschrank auch mal im Schlafzimmer plaziert wird); eine weitere spielerische Form dessen wäre die Schatzkarte. Auf fortgeschrittenerer Stufe könnte es sich um zwei unterschiedliche Lückentexte der gleichen Vorlage handeln, die durch Befragung des Partners vervollständigt werden müssen; auch Dialoge und Rollenspiele, die über eine solche Komponente verfügen, beflügeln die Phantasie der Lernenden. Ist es nicht doch in jedem Fall eine größere Herausforderung, in einem Restaurant etwas zu bestellen, wenn nur ein bestimmter Geldbetrag zur Verfügung steht, die Zeit knapp ist oder bestimmte Speisen nicht vertragen werden und somit nicht bestellt werden würden und aus einer ursprünglichen Getränkeauswahl ausgerechnet das Lieblingsgetränk gestrichen wurde, als wenn es nur darum geht, vorher erlernte Lexik nach vorgegebenen Mustern zu reproduzieren? Das Verhältnis von Lehrerkontrolle und Schülerkreativität entspricht nicht dem Verhältnis von Richtig oder Falsch. Der Lernprozeß sollte sich jedoch vom gelenkten Üben zum freien, kreativen Anwenden hin bewegen und somit auch für die oben erwähnte abgewandelte Form eines Standardrollenspieles Raum lassen. Viel zu häufig wird immer noch im interessantesten Moment abgeblendet, um ein Klischee zu strapazieren.

Eine andere Möglichkeit, kreative Lernerleistungen zu erhalten, ist C) sich Dinge zunutze zu machen, die in sich schon ein kreatives Produkt darstellen. Reime, Gedichte, Geschichten, Lieder, Bilder, Filme usw. bieten sich geradezu für den Fremdsprachenunterricht an, nicht nur als Impulse für divergierendes Denken oder als bloßer Sprechanlaß. Vor allem kurze Texte können zum Zwecke der Sprachproduktion in vielfältigster Weise kreativ genutzt werden, womit wir beim vierten der oben erwähnten Punkte angekommen sind. Verfahren, solche Texte (zum Beispiel Einzeiler, wie Sprichwörter, Buchtitel, Filmtitel, Überschriften; Minitexte, wie Postkartentexte, Tagebucheintragungen, Programmanzeigen, Kurzgedichte, Witze, um nur einige zu nennen) zur Stimulierung kreativer Sprachproduktion zu nutzen sind:

'1. Expansion, 2. Reduction, 3. Media Transfer, 4. Matching, 5. Selection/ Ranking, 6. Comparison/ Contrast, 7. Reconstruction, 8. Reformulation, 9. Interpretation, 10. Creating Text, 11. Analysis, 12. Project work .' [10]

Das zu interpretieren heißt, der Lerner kann Texte unter anderem durch die Ergänzung von Wörtern (zum Beispiel Adjektiven) oder Sätzen verändern. Traurige Texte können so fröhliche Texte werden. Aber auch umgekehrt wird ein Schuh daraus. Zu diesem Zweck ist auch das Weglassen von Wörtern, Wendungen oder Sätzen möglich. Texte lassen sich visualisieren, also in Bilder, Karten oder graphische Darstellungen der unterschiedlichsten Art überführen. Gedichte oder Lieder können zu Geschichten werden usw. Eine Stimme, Musik, ein Foto, ein anderer Text, können dem Ausgangstext zugeordnet werden. Für eine Kinder- und Jugendzeitschrift kann unter mehreren ein geeigneter Text ausgesucht und illustriert werden. Antworten lassen sich schreiben, unter dem selben Titel mögen neue Texte entstehen, Texte können verflochten werden oder auch einmal Ausgangspunkt für ein Projekt sein. Wir haben es an zwei provokanten Statements getestet: 'Cats are better pets than dogs' und 'Sport is dangerous' und haben eine wahre Flut an Reaktionen und Emotionen geerntet. Da gab es im Nu Befürworter und Gegner, und die Phantasie kannte keine Grenzen, jeweiligen Standpunkten Gewicht zu verleihen. Texte und Bilder wurden gesammelt oder gefertigt, Vorfälle beschrieben, Interviews geführt, Poster, Wandzeitungen gestaltet... . Genug Stoff, um die bereits genannten Herausforderungen wirken zu lassen und neue Prozesse in Gang zu setzen. Wir halten das für den ausdrücklich ertragreicheren Weg als die übliche Frage nach dem Lieblingshaustier oder der bevorzugten Sportart. Die Ergebnisse werden immer sowohl inhaltlich als auch sprachlich umfassender, ehrlicher, damit persönlicher und somit kaum vorhersehbar sein, womit der Bogen wiederum zum Lehrer geschlagen wurde, dem es ein Bedürfnis sein muß, derartige Schülerleistungen nicht bloß zu korrigieren, zu bewerten - was ohnehin eigenen Gesetzen unterliegt, auf die an dieser Stelle nicht näher eingegangen werden soll - und in den Heften der Schüler verschwinden zu lassen, sondern kreativen Gebrauch davon zu machen.

6. Welche Relevanz besitzen die bisherigen Ausführungen im Hinblick auf junge Lerner?

Kreativität wird gerade bei jungen Lernern oft vorausgesetzt oder provoziert. Nicht selten ist sie aber auch verpönt oder wird gar als störend empfunden. Sie kann sogar den Stempel der Disziplinlosigkeit aufgedrückt bekommen. Kreativität ist häufig dann nicht willkommen, wenn sie nicht in den Plan des Lehrers paßt, wenn sie unerwartet ist, oder verkannt wird. Aus Gedankenlosigkeit oder Unkenntnis wird mancher Ansatz im Keim erstickt. Dabei verfügen Kinder bekanntlich in der Regel über ein breites Kreativitätspotential. Wir möchten jedoch bezweifeln, daß dieses in großem Umfang im üblichen Fremdsprachenunterricht zum Tragen kommt. Gerade dann jedoch, wenn junge Lerner zu ersten Mal in Kontakt mit einer Fremdsprache kommen, müssen vom Lehrer alle Register seines eigenen kreativen Potentials gezogen werden, um das der Kinder zum Zweck der Begegnung mit der Fremdsprache nutzbar zu machen. Wie eingangs erwähnt, ist Kreativität an gewisse Bedingungen, an Atmosphäre gebunden. Kinder scheinen diese zunächst offensichtlich im Spiel vorzufinden, sind jedoch auch unter Anleitung bei der Beschäftigung mit für sie vertrauten, interessanten und relevanten Dingen, die obendrein ihren Ehrgeiz anstacheln, bereit und in der Lage, ihren Gedanken und ihrer Phantasie freien Lauf zu lassen, d.h. divergierend zu denken. Kann man sich dies im Begegnungsunterricht zunutzemachen? Sind diese für den muttersprachlichen Kontext typischen Verhaltensmuster auch in einem fremdsprachlichen Kontext zu erwarten? Zunächst ist die Menge der zur Verfügung stehenden Sprache recht begrenzt! Nicht selten wird auch berichtet von Interessenlosigkeit an dem, was im Klassenzimmer passiert, von Kindern, die stören, aggressiv sind und nicht zur Ruhe kommen, aber auch davon, daß es Kinder gibt, denen die Beschäftigung mit einer Fremdsprache große Schwierigkeiten bereitet.

'...Ready-made solutions, e.g. have more 'fun activities', speeding up the pace of the lessons, using more varied materials and techniques, even adopting new coursebooks, did not seem to solve the problems.'[11]

Werden die Kinder stärker einbezogen und berücksichtigt, mit dem Ziel, ihr Interesse am Unterricht, an der Fremdsprache zu erhöhen, gelangt man zu der Einsicht, daß es nicht ein Kindverhalten gibt. Nicht alle Kinder haben die gleichen Interessen, nicht alle bevorzugen im Unterricht die gleichen Aktivitäten. Es muß also darum gehen, Verbindungen herzustellen zwischen dem Alltag der Kinder, ihrem Leben, ihren Interessen und dem, womit sie sich im Fremdsprachenunterricht befassen. Dabei fällt auf

'... that learning seem(ed)s to be more effective when classroom activities present(ed) a challenge to the learners' mental abilities.' [12]

Daraus folgt:

'Young learners should see the immediate relevance of the language they are learning/the activities they do in the classroom to their own interests/needs.... [13]

Wir stoßen also augenscheinlich auf inzwischen bekannte Kriterien. Wenn Kreativität auch keine explizite Erwähnung findet, so ist sie doch implizit vorhanden.

Bei dem Versuch, kindliche Kreativität zu fassen, fallen zwei Dinge besonders ins Gewicht: Da sind einmal die offensichtlich unerschöpflichen Quellen von Ideenreichtum und Phantasie bei Spiel und Spaß, und zum anderen verblüfft die Kreativität der Kinder, trotz begrenzter Sprachressourcen erfolgreich und ideenreich zu kommunizieren, sozusagen alles zu mobilisieren, um das Maximale zu erreichen. (Der Satz: 'Setz' Dich mal im Stehen hin' aus dem Bereich der Muttersprache soll das Gesagte verdeutlichen helfen. Nur ein Kind kann den Begriff 'sich hinhocken' so umschreiben.) Das oben genannte Phänomen, das sich auf die Muttersprache bezieht, wird am Beginn des Fremdsprachenlernprozesses dann auftreten, wenn ein echter Wunsch nach Kommunikation besteht, herausgefordert durch entsprechende Aktivitäten oder Formen der Interaktion zwischen den Kindern, besonders, wenn es sich um solche der Kategorie Spiel oder Spaß handelt.[14] Möglichkeiten und Freiräume dafür finden sich in den folgenden Beschäftigungsformen: *1.Children using their imagination; 2. children interacting with each other; 3. children choosing and planning; 4. children engaged in integrated project work.*[15]

Dabei geht es in diesem Stadium des Lernprozesses nicht um umfassende, komplizierte fremdsprachliche Schüleräußerungen. Da kann am Anfang auch einmal ganz auf Versprachlichung verzichtet werden. Es können Reime oder Lieder gelernt werden, um den Klang der Sprache aufzunehmen und reproduzieren zu können - dadurch lernt man, die Sprache zu mögen. Es können Bilder dazu gemalt oder Bewegungen einstudiert werden - so wird ganz natürlich der Wunsch wachsen, etwas in der Fremdsprache *sagen* zu können. Dazu bedarf es kindgerechter Aktivitäten, die Freiraum für Phantasie und Ideen lassen, alters- und interessenrelevanter Sprech- und Schreibanlässe, in denen die Kinder sprechen oder schreiben *möchten*. Dabei kann besonders der Wechsel der Arbeitsformen den einzelnen Lerner in die Lage versetzen, die im Lehrbuch enthaltene, ohnehin progressiv aufgebaute Sprache immer anders zu benutzen. Von großer Bedeutung ist, daß die Wünsche und Vorstellungen der Kinder Gehör finden. Man sollte da als Lehrer schon auf dem laufenden sein! Nicht jeder Wunsch wird realisiert werden können, aber Gedanken können aufgegriffen werden und vielleicht in einem anderen Zusammenhang ins Spiel kommen.

Man sagt, daß ein Kind, dem nur häufig genug gesagt wird, daß es böse ist, nicht lieb sein kann.

Wir möchten in abgewandelter Form sagen: Zeige dem Kind, was es schon alles in der Fremdsprache tun kann, und es wird über sich hinauswachsen.

Zusammenfassung

Es geht in der alltäglichen Unterrichtspraxis nicht darum, allen in diesem Beitrag erwähnten Kriterien gleichzeitig gerecht zu werden. Sie können allerdings immer wieder neu kombiniert werden!

Im Lehrbuch enthaltene Angebote, wie Abbildungen oder Puzzles, können auf andere, oft recht vielfältige Verwendungsmöglichkeiten hin geprüft werden. Dabei ist es von entscheidender Bedeutung, die Kinder im Blick zu haben. Was könnte ihnen Spaß machen? Was fordert ihre Phantasie heraus? Welches Vorgehen provoziert Sprache? Welche Sozialform (Einzelarbeit, Paararbeit, Gruppenarbeit) ist am geeignetsten, bestimmte Ziele zu erreichen? Welche Übungsform ist in einer bestimmten Klasse aufgrund der Persönlichkeitsprofile besonders erfolgversprechend, welche nicht? Mit relativ wenig Aufwand kann man sich so von der leider noch recht verbreiteten Praxis lösen, *Lehrbücher zu unterrichten.* Recht schnell kann ein ganz individueller Kanon an Aktivitäten entstehen. Immer wieder werden sich Querverbindungen ergeben, die in neuen Ideen münden.

Betrachten wir ein Beispiel:

In *Stepping Stones 2.Activity Book*[16] findet sich die folgende Hörübung, die alle Schüler gleichzeitig lösen.

Nach der Durchführung der Übung entsprechend der Vorgaben im Lehrbuch, aber auch anstelle dieser wären folgende Aktivitäten vorstellbar:

Variante I: (kein Anspruch auf Reihenfolge)

1. Die Kinder arbeiten in Paararbeit.
2. Die Kinder erhalten 2 leere Schatzkarten, wovon eine zunächst beiseite gelegt wird.

Where's the treasure ?

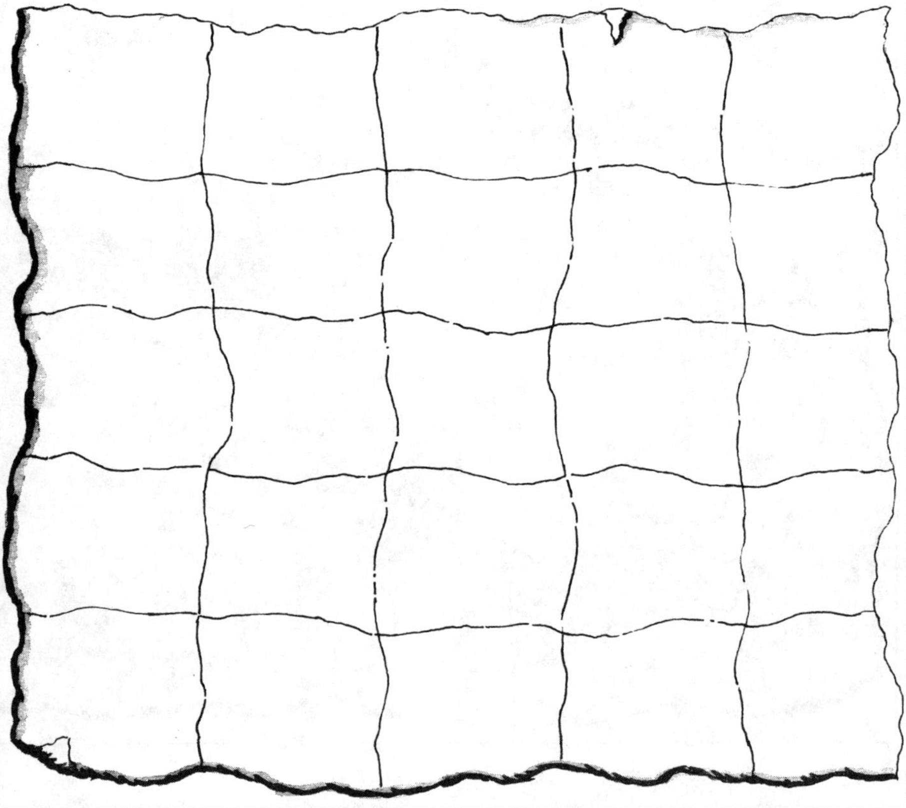

3. Die Kinder zeichnen mit Bleistift vorgegebene Orientierungsgspunkte (*mountains, church, town, house, sea, river, bridge, forest*) *nach ihrer Wahl*, für den Partner nicht einsehbar -eventuell Rücken an Rücken- ein.
   Alternativ kann den Kindern auch die Wahl der Orientierungspunkte (Art, Menge...) überlassen werden.
4. Die Kinder verdecken ihre eigene Schatzkarte und nehmen die zweite, leere zur Hand.
5. Die Kinder beschreiben sich ihre fertige Schatzkarte unter Verwendung der im Lehrbuch verwendeten Lexik (*There is a town in C 1. Draw mountains in A and B 1 ,2 and 3...)* abwechselnd so, daß ihr Partner die leere Karte ebenfalls mit Bleistift vervollständigen kann.
   Varianten : Fragen des Zeichners zu seiner Vergewisserung sind erlaubt.
   Fragen sind in ihrer Anzahl begrenzt.
   Fragen sind verboten.
   Der Schwierigkeitsgrad, die Herausforderung, könnte durch Zeitbegrenzung noch erhöht werden.
6. Die Kinder vergleichen die so entstandenen Schatzkarten mit den 'Originalen' und nehmen, wenn nötig, Korrekturen vor.
7. Die Kinder denken sich ein Versteck für den Schatz aus (hier: *silver*).
   Alternativ können die Kinder aus einer Auswahl an Schätzen wählen (*gold, jewels, a treasure chest,...*)
8. Die Partner suchen (erfragen) den Schatz nach entsprechendem Muster: (*Is it near the church?* oder *Is it in A 4?*)
9. War der Schatz Gegenstand der Auswahl (vgl. Punkt 8), spekulieren die Kinder nun über die Art des Schatzes. Bei einer Auswahl aus drei Möglichkeiten, empfielt es sich, nur zwei *Yes/No-* Fragen zuzulassen.
   Alternativ einigt man sich vorher auf eine Anzahl von Fragen und/oder deren Muster (*Is it gold?* oder *Is it gold or silver?...*), wenn die Kinder eine größere Anzahl von Schätzen genannt hatten.
   Die Wettbewerbsform "Wer ist der schnellste Schatzsucher" (richtiges Ergebnis vorausgesetzt) kann eingesetzt werden.

Variante II:

1. Die Kinder stellen Vermutungen an, aus welcher Zeit die Karte und der Schatz kommen könnten, nach dem gelenkten Auswahl-Antwort-Verfahren:

The map is *a) 5 years old.*
b) 20 years old.
c) 100 years old.

oder indem sie die Frage beantworten: *How old is the map? (How old is the treasure?)*

Alternativ können die Kinder aus beiden Ansätzen wählen, wodurch eine Differenzierung erreicht werden kann, d.h. der Lehrer teilt entsprechend des Leistungsvermögens der Kinder die einfachere oder schwierigere Aufgabe zu. (Langfristig könnte so einer zunehmenden Individualisierung des Unterrichtes der Weg bereitet werden. Im individualisierten Unterricht wählt der Lerner aus einem Angebot von Übungen unterschiedlichen Schwierigkeitsgrades die Aufgabe, die er lösen möchte, eigenverantwortlich aus, löst sie selbständig und erhält die Möglichkeiten der Selbstkontrolle.)

2. Es kommt auf die Beteiligung aller Kinder an! Mit den gewonnenen Zahlen soll folgendermaßen weitergearbeitet werden:

   How many children think 5,10,20,100 ... years is correct? Man erhält eine kleine Statistik, nämlich den Meinungsspiegel der Klasse: *2 children think...... 5 children think......* usw. Dieser kann visuell dargestellt werden. Wir würden ein Tortendiagramm vorschlagen *(a pie-chart).* Eine recht knifflige Aufgabe, die vielleicht (bei einigen) der Anleitung des Lehrers bedarf. Jede andere Form, wie eine Tabelle, ist möglich. Eine kleine Ausstellung im Klassenraum wäre ein zusätzlicher Ansporn.

   Alternativ kann die Bearbeitung der genannten Fragen in der Form eines Interviews durchgeführt werden, wobei jedes Kind zwei bis drei oder auch mehr Mitschüler auswählen kann, die es befragen möchte. In Tabellenform ist das recht einfach:

Name	(How many) years

Variante III:

1. Die Kinder spekulieren über die Person, die den Schatz vergraben haben könnte. Weiter wie oben: gelenkter oder freier Zugang; Statistik; Visualisierung. - Die Kinder malen die Person.
2. Die Kinder stellen Vermutungen an, warum der Schatz wohl versteckt wurde. Weiter wie oben: gelenkter oder freier Zugang; Statistik; Visualisierung. - Die Kinder malen eine Bildgeschichte.

Alternativ kann zunächst auch nur gemalt werden und gemeinsam versucht werden, die Bilder nach einfachen Mustern zu beschreiben.

Bemerkung: Wir sind der Meinung, daß sich ergebender oder nachgefragter Wortschatz gegeben werden sollte. Die Kinder werden ihn sich aufgrund der situativen Einbettung leicht einprägen, nicht zuletzt auch deshalb, weil sie ihn just in diesem Moment dringend benötigen. Der Lehrer ist also gut beraten, darauf vorbereitet zu sein und solche Lexik vorzudenken. Ansonsten hilft ein *Young Learners Dictionary*. Dort findet man relevante, kindgemäße Inhalte und Sprache vor.

Variante IV:

1. Der Lehrer wählt ein passendes Gedicht aus und lernt es mit den Schülern.
2. Der Lehrer wählt ein passendes Lied aus und lernt es mit den Schülern.
3. Der Lehrer stellt Reime, Gedichte und Lieder zusammen, von denen die Kinder eins wählen und lernen und vortragen.
4. Der Lehrer überlegt, welche anderen Potentiale wohl in diesen Materialen schlummern und es wert wären, damit zu arbeiten.

Wir hoffen, in unserem Beitrag dafür Anregungen gegeben zu haben.

Variante V:

1. Die Kinder malen eine Kopie der Schatzkarte im Lehrbuch aus.
2. Die Kinder versehen die Karte mit einer Bildunterschrift oder einem *von ihnen gewählten* Text.
3. Die Ergebnisse werden ausgestellt, nachdem der Lehrer ggf. Korrekturen vorgenommen hat.

Stand bisher die vielfältige Verwendung von Lehrbuchübungen in unserem Interesse, so wollen wir nun der Tatsache Rechnung tragen, daß es Situationen geben kann, in denen ein Lehrbuch nicht zur Verfügung steht oder aus diversen Gründen nicht eingesetzt werden soll.

Betrachten wir auch hier ein Beispiel:

Wir hatten den Wunsch, ein Kartenspiel im Unterricht verwenden zu wollen. Dabei fiel unsere Wahl auf das Spiel 'Fish'[17], da es in einen breiten Kontext zu passen scheint. So wäre eine Zuordnung zu solchen Themen wie Tiere/Haustiere, Hobby oder Urlaub vorstellbar.

Es soll 1. Memory (ab 2 Spieler) und 2. Quartett (2-4 Schüler) gespielt werden. Dabei besteht der Anspruch, daß die Kinder die den Spielverlauf natürlicherweise begleitenden Wendungen, sowie den durch die Motive des Spieles relativ limitierten Wortschatz, in der Fremdsprache benutzen können.

Die Spielkarten (je vier pro Bild):

goldfish

tropical fish

dolphin

whale

crab

sea horse

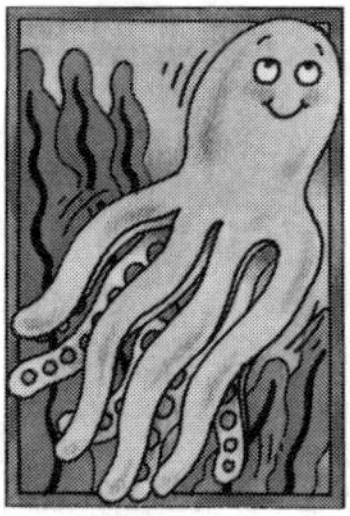

octopus

snail

Unter Beherzigung aller in diesem Beitrag formulierten Weisheiten haben wir vor das eigentliche Kartenspielen die Suche nach kreativen Potentialen dieses Mediums gestellt.

Zu Beginn einige Worte zum Wortschatz:
Sofern noch nicht bekannt, müssen die Vokabeln *Dolphin, Whale, Octopus, Crab, Tropical Fish, Snail, Goldfish, Sea Horse* vermittelt werden. In einigen Fällen mag nur eine Aussprachekorrektur erforderlich sein, da die Kinder möglicherweise die deutsche Form der Aussprache wählen. Die Bedeutung kann visuell problemlos erschlossen werden. Die korrekte Aussprache sollte durch Vorsprechen und Nachsprechen einstudiert werden. Je nach Wichtung kann dem Abschnitt der Wortschatzvermittlung auch mehr Zeit gewidmet werden und der

Grad der Einbeziehung und Forderung der Kinder bereits hier wesentlich größer sein. Wir wollen dazu einen Vorschlag unterbreiten und ihn am Beispiel '*Snail*' demonstrieren:[17]

Vorschläge zur kreativen Verwendung im Unterricht:

1. Interaktion: Lehrer/ Schüler:

Benötigt wird ein Bild/ Poster einer Schnecke. Eine Zeichnung entsprechend der Vorlage auf der Spielkarte ist recht unkompliziert herzustellen. Durch Zeigen, verbunden mit Vorsprechen und Nachsprechen kann der Lernprozeß gefördert werden:

L: This is a snail.
S: This is a snail.
L: The snail has a long body.
S: The snail has a long body.
L: The snail has a round shell.
S: The snail has a round shell.
L: The snail has two antennea /i:/.

Zeigt man nun Augen, Mund usw. werden die Kinder ohne Schwierigkeiten fortfahren können:

S: The snail has a (little) mouth.
S: The snail has two eyes.
L: What else?
S: ....

Aussagen zu Farbe, Größe und Form können einbezogen werden, wenn die Kinder sie schon formulieren können oder wollen.

2. Interaktion: Schüler/Schüler (Paararbeit):

Das aus 1. bekannte Muster wird in Partnerarbeit wiederholt:

S_1: This is a snail.
S_2: This is a snail.
S_1: This snail has....

Die Kinder werden aufgefordert, sich gegenseitig zu korrigieren. Durch Herumgehen kann der Lehrer Hilfestellung geben.

3. Schreiben:

Die Sätze aus 1. werden an die Tafel geschrieben und abgeschrieben.
Alternativ kann an der Tafel ein Lückentext stehen, den die Kinder gemeinsam mit dem Lehrer vervollständigen:

This is a ....
The snail has ......
The .... a long ...... usw.

Die korrekte Version wird ins Heft übernommen.

An dieser Stelle ist die Entscheidung zu fällen, ob die verbleibenden Motive, oder ausgewählte Motive in eben dieser Langform eingeführt werden sollen, oder eher über den Weg des Zeigens, Vorsprechens und Nachsprechens. Das wird von der Vorstellung des Fortganges der Stunde abhängen.
Sind alle Begriffe eingeführt worden, wäre auch diese Fortsetzung vorstellbar:

4. Interaktion: Schüler/ Schüler oder Schüler/Klasse:

S_1: I have got a card/ animal. Guess what it is!
S_2/K: Is it .....?
Has it got.....? usw.
S_1: Yes it is. / No, it isn't
Yes it has./ No it hasn't.

Die Kinder werden sich entscheiden, wieviele Fragen sie zulassen wollen.

5.Klassenprojekt (auch als Hausaufgabe):

Die Kinder dürfen eine Phantasieform eines der besprochenen Tiere entwerfen. Vielleicht möchten sie sich auf eins einigen und gespannt warten, wieviele unterschiedliche Formen zustandekommen. Die 'Kreaturen' sollen beschriftet werden und beschrieben werden können.

Achtung: Jede kreative sprachliche Leistung basiert auf vermittelter Sprache. Kreative Aktivitäten können keine Sprache erzeugen!

6. Arbeit am Projektergebnis:

a) Der Lehrer wählt ein Beispiel oder hat, noch besser, seine eigene Phantasiekreatur entworfen und gibt ein Beispiel für die folgende Übungsform.

This is a fantastic snail. It has a long, long body. It has a very big, red shell. It has five antennea. It has two long and three short antennea. It has six small green eyes. ...

Nun können die Kinder ihre eigenen 'Kreaturen' beschreiben, indem sie die Sprache durch Zeigen unterstützen.
Alternativ kann ein Kind seine 'Kreatur' von einem Mitschüler, den es selbst auswählt, oder der das gern möchte, beschreiben lassen. Das Kind wird zum Lehrer.

b) Die Kinder wählen unter einem festzulegenden Aspekt (Schönheit, Größe, Kreativität, sprich Phantasie und Umsetzung...) eine 'Kreatur' aus und formulieren bis zu fünf Aussagesätze dazu, die ein Schüler an die linke Tafelseite schreibt.

c) Der Lehrer schreibt an die rechte Seite eine fehlerfreie Version des Schülertextes. Die Kinder finden und markieren die Unterschiede.
Entsprechend dieses Beispieles können die Kinder in Gruppen eine andere 'Kreatur' beschreiben. Der Text kann gemeinsam oder mit dem Lehrer korrigiert werden. Die Kinder ordnen nun die Texte den Bildern zu.

Als Höhepunkt kann eine *Fantasy Creatures Exhibition* vorbereitet werden. Die Kinder dürfen ihre Bilder und die *fehlerfreien* Begleittexte in einer Ausstellung im Zimmer oder auf dem Gang arrangieren. Für die Parallelklasse oder die Eltern, oder einfach für jeden den es interessiert, kann eine englischsprachige Führung organisiert werden. Dort kann jedes Kind seine 'Kreatur' vorstellen, oder ein Kind ist der *Guide*.

7. Die Kartenspiele selbst:

a) Memory:
Die Spielform ist gut bekannt. Wir wollen in unserem Spiele folgende Wendungen spielbegleitend anwenden:

Beispiele:
Shuffle the cards.
Pick a card.
Put the cards on the desk, face down.
An octopus - another octopus. A pair./ I have (got) a pair. oder
A sea horse - a goldfish. No pair. / I haven't got a pair.
I have two/ three pairs. You are the winner/ I am the second/ I am the third. I am the fourth. oder
You are the winner. ... He is the first..... She is the second. ....

Diese sprachlichen Mittel können durch Vormachen und Demonstration der jeweiligen Handlungen verdeutlicht werden. Sie können vor dem Spielen trainiert und im Spielverlauf geübt werden. Es wäre weiterhin denkbar, sie gerade auch in der Form des Spieles vermitteln zu wollen.

b) Quartett:
Bei zwei Spielern erhält jeder Spieler 7 Karten. Sind es drei oder vier Spieler, erhält jeder 5 Karten. Gleiche Paare dürfen abgelegt werden.
Die Spieler bitten sich gegenseitig um ihnen fehlende Karten, um ein Kartenpaar bilden zu können. Wer am Ende die meisten Paare hat, hat gewonnen.

Wendungen, die spielbegleitend, zusätzlich zu den unter a) erwähnten benötigt werden, sind beispielsweise:

Peter, do you have a whale. - Yes, I do./ No I don't.
oder
Give me a whale, please. - Here you are./ I'm afraid, I can't.
Can I have/get a whale, please. - Yes, you can./ No, you can't/ No, I'm afraid, you can't..
Have you got a whale. - Yes, I have./ No, I haven't.

Wir erachten diese Kommunikationsmuster als besonders wichtig. Die Funktion des Bittens oder Fragens kann in dieser Spielform auch eingeführt werden, sollte sie noch nicht bekannt sein. Das Spiel stellt dafür einen natürlichen kindgemäßen Kontext dar. Der entsprechende Gebrauch der Formen kann so leicht automatisiert werden.

Weiterführende, themenverwandte Aktivitäten:[18]

1. Ein Reim
Sharks in the dark

Sharks in the dark.
One, two, three.
Sharks at the bottom
of the dark blue sea.
I saw a shark
looking at me.
Down at the bottom
of the dark blue sea.

Color the spaces with the letters
S, H, A, R, K.

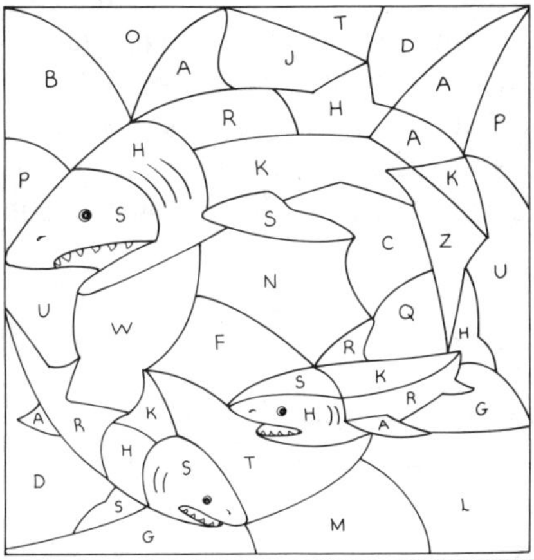

Verwendungszweck:
Neue Lexik; Lernen und Vortragen; Ausmalen. Nach gleichem Muster neue Reime erstellen und dazu ein Bilder- Buchstabenrätsel entwerfen.

2. Ein Gedicht

Can a fish swim?

Can a fish swim?
Can a bird fly?
Can a dog bark?
Can a baby cry?

Can a caterpillar cough?
Can a spider sneeze?
Can a butterfly yawn?
Can a frog say *Please*?

Can a paper doll dance?
Can a rocking horse walk?
Can a beach ball bounce?
Can a teddy bear talk?

			Yes	No
1. Can a		fish swim?	✔	
2. Can a		bird fly?		
3. Can a		spider sneeze?		✔
4. Can a		butterfly yawn?		
5. Can a		baby cry?		
6. Can a		cat write?		

Verwendungszweck:
Neue Lexik; Lernen und Vortragen; Lösen der YES/NO- Aufgabe; Neue YES/NO- Aufgabe mit den anderen im Gedicht enthaltenen Tieren formulieren und illustrieren. Ein ähnliches Gedicht schreiben- z.B. *Can a hamster sing, can a mouse talk, ...*; Beantwortung der Fragen im Gedicht, so daß zwei neue Gedichte entstehen: ein *Can-* Gedicht: *A dog can bark, a baby can cry*; ein *Can`t-* Gedicht: *A teddy bear can`t talk, a spider can`t sneeze, ...*

Auf Reime kommt es dabei nicht an, wir würden sie aber auch nicht ausschließen wollen. Manches Kind mag es reizen, sein Gedicht in eine Reimform zu bringen. Illustrationen sind in jedem Fall wünschenswert.

3. Ein Lied

My Mother Was a Dolphin

(When Irish Eyes Are Smiling)

Girl's Chorus

My mother was a dolphin.
My father was a whale.
My sister was a mermaid
with a shiny silver tail.

My cousins all were oysters.
My uncle was a pearl.
My grandma was a starfish,
but I'm a little girl.

Boys' Chorus

Her mother was a dolphin.
Her father was a whale.
Her sister was a mermaid
with a shiny silver tail.

Her cousins all were oysters.
Her uncle was a pearl.
Her grandma was a starfish,
but she's a little girl.

Verwendungszweck:
Neue Lexik; Singen; Familienfotoalbum zunächst entsprechend der Fakten im Lied füllen (Zuordnungsaufgabe): *mother- dolphin, father- whale, ...* Anstelle der Begriffe, können Bilder gemalt oder eingeklebt werden. Achtung: manche

Bilderrahmen bleiben leer; Familienalbum im ursprünglichen Sinn vervollständigen; Familienalbum mit Fantasiefamilie füllen.

Literatur und Quellen

1 Roger Bowers. The Qualities of the Quark.Creativity in Language Teaching. The British Council 1988 Milan Conference: Modern English Publications in Association with the British Council, 1989, S. 7-14.
2 Ebenda. S. 10
3 Ebenda. S. 11
4 Susan Halliwell.Creativity and the Younger Learner. Ten years on.The British Council Italien National Conferences 1982-1991: Modern English Publications in Association with the British Council, 1991, S. 124.
5 Andrew Wright. Creativity in Ideas and Material Production. Creativity in Language Teaching. The British Council 1988 Milan Conference: Modern English Publications in Association with the British Council, 1989, S. 34-37.
6 Arthur J. Cropley. Unterricht ohne Schablone. Wege zur Kreativität: München: Ehrenwirt,1991, S. 72.
7 Andrew Wright. Creativity in Ideas and Material Production.Creativity in Language Teaching. The British Council 1988 Milan Conference: Modern English Publications in Association with the Brititsh Council,1989, S. 37.
8 Ebenda. S. 53.
9 Simon Greenall. From Teacher Control to Learner Creativity. Creativity in Language Teaching. The British Council 1988 Milan Confernce: Modern English Publications in Association with the British Council, 1989, S. 38
10 Alan Maley. Short and Sweet. Short Texts and how to Use them. Volume One: London: Penguin English, 1994, Introduction, S. xi-xiii.
11 Carlos Barbisan & Maria Sara Rodriguez: Classroom Problems and Strategies for Teaching young Learners. Creativity in Language Teaching. The British Council 1988 Milan Conference: Modern English Publications in Association with the British Council, 1989. S. 122-127.
12 Ebenda. S. 123.
13 Ebenda. S. 123.
14 Susan Maclennan: Creativity and the Young Learner. Creativity in Language Teaching. The British Council 1988 Milan Conference. Modern English Publications in Association with the British Council, 1989, S. 114-116.
15 Ebenda. S. 115.
16 Julie Ashworth & John Clark: Stepping Stones 2. Activity Book. London: Collins ELT, 1989, S. 62.

17 Classic Card Game Set. Creative Child Games, New York, Playmore Inc. Publishers and Waldman Publishing Corp., 1991.
18 Carolyn Graham: The Chocolate Cake. Songs and Poems for Children. New Jersey, Regents/ Prentice Hall, 1992.

Konrad Hamann

Fremdsprachenlernen im Rahmen der Weiterentwicklung der Grundschule in Niedersachsen

1. Vorhaben der Grundschulreform

Die Einführung des Lernens fremder Sprachen ist nur *eines* der wichtigen Reformvorhaben, die in der Grundschule gegenwärtig zu bewältigen sind. Zu diesem Vorhaben zunächst einige kurze Anmerkungen.

Der Anspruch der Grundschule als eine für alle gemeinsame Schule ist in Niedersachsen bislang nicht eingelöst, denn die Kinder mit sonderpädagogischem Förderbedarf - früher sprachen wir von sonderschulbedürftigen Kindern - werden in der großen Mehrheit nach wie vor den verschiedenen Sonderschulen zugewiesen.

Seit 1993 gibt es in Niedersachsen - nach der Novellierung des Niedersächsischen Schulgesetzes - den folgenden klaren Auftrag zur Integration:

„Schülerinnen und Schüler, die einer sonderpädagogischen Förderung bedürfen (§ 14 Abs. 2 Satz 1), sollen an allen Schulen gemeinsam mit anderen Schülerinnen und Schülern erzogen und unterrichtet werden, wenn auf diese Weise dem individuellen Förderbedarf der Schülerinnen und Schülern entsprochen werden kann und soweit es die organisatorischen, personellen und sächlichen Gegebenheiten erlauben".

Für die Umsetzung der hier geforderten Integration brauchen wir langfristige Konzepte. Sie erfordert einen breiten gesellschaftlichen Konsens und die Akzeptanz bei den Eltern und - vor allem - bei den Lehrerinnen und Lehrern. Gleichzeitig muß man sehen, daß die schwierige finanzielle Lage des Landes nur kleine Schritte erlauben wird.

Die Diskussion im Lande konzentriert sich inhaltlich immer mehr auf das Modell der „Grundschule mit sonderpädagogischer Grundversorgung". Dieses Modell betrifft zunächst nur die Kinder mit Lern-, Verhaltens- und Sprachproblemen. Für andere Bereiche, z.B. die Förderung geistig oder körperlich Behinderter, müssen zusätzliche Maßnahmen geplant und realisiert werden.

Wenn das Modell der sonderpädagogischen Grundversorgung der Grundschule eines Tages dazu führt, daß alle Kinder, ob behindert oder nicht, in die Schule aufgenommen werden, stellt sich die Frage, ob man dann noch nicht schulfähige Kinder vom Besuch zurückstellen kann, ob man die Diskrepanz zwischen der gesellschaftlichen Forderung nach Integration aller Kinder und der Selektion wegen fehlender Schulfähigkeit bei Schulantritt ertragen kann.

Dazu hat der Niedersächsische Landtag einen Entschließungsantrag der Fraktion der SPD angenommen, darin heißt es wörtlich:

„Die Landesregierung wird aufgefordert, eine begrenzte Zahl von Schulversuchen zur Neustrukturierung des Schulanfangs an Vollen Halbtagsschulen einzurichten, denen folgende Zielsetzungen zugrundeliegen:

– auf Zurückstellung zu verzichten und alle Kinder eines Schuljahrganges aufzunehmen,
– die Schulfähigkeit der Kinder einer Grundschule zu entwickeln und zugleich die Kindfähigkeit der Grundschule zu verbessern,
– unter Berücksichtigung der individuellen Lerngeschwindigkeit eine unterschiedliche Verweildauer in einer Schulanfangsklasse, die die ersten beiden Schuljahre umfaßt, zuzulassen (z.B. von 1-3 Jahren),
– die Individualisierung und Differenzierung beim Unterricht in einer jahrgangsübergreifenden Schulanfangsklasse zu fördern, ohne das Ziel der sozialen Integration aller Kinder zu gefährden,
– Sozialpädagogen in die Schuleingangsphase zu integrieren“.

Differenzierung und Individualisierung sind unabdingbare Voraussetzungen, wenn man behinderte Kinder und noch schulfähige Kinder in der Grundschule integrieren will. Gute Ansätze zu ihrer Umsetzung sind in vielen Grundschulen durchaus vorhanden; von einer optimalen Umsetzung kann man aber noch nicht sprechen.

Differenzierung und Individualisierung brauchen aber u.a. auch mehr Zeit. Auch unter diesem Aspekt wurden in Niedersachsen Grundschulen als Volle Halbtagsschulen eingerichtet. Die Volle Halbtagsschule wird im Niedersächsischen Schulgesetz wie folgt definiert: „Die pädagogische Arbeit einer Vollen Halbtagsschule dauert in der Regel fünf Zeitstunden an fünf Vormittagen in der Woche“. Wir haben bewußt diese Formulierung gewählt, um von der Grundschule, die in den entsprechenden Erlassen durch Unterrichtsstunden und Pausen dargestellt ist, wegzukommen.

Aufgaben und Ziele wurden im Rahmenkonzept für die Volle Halbtagsschule wie folgt beschrieben:

Die „Volle Halbtagsschule hat das Ziel, die Grundschule bzw. den Primarbereich der Sonderschule zu einem Lern-, Handlungs-, Erfahrungs- und Lebensraum auszugestalten, der den kindlichen Bedürfnissen in besonderem Maße entspricht. Sie gestaltet ihre pädagogische Arbeit auf der Basis der jeweiligen Grundsatzerlasse. Sie bietet den Erziehungsberechtigten täglich gleichbleibende und verbindliche Anfangs- und Schlußzeiten und trägt somit dem Bedürfnis nach einer gesicherten Zeitplanung für Familien- und Berufsleben der Elternschaft

Rechnung. In der Vollen Halbtagsschule wird der Unterrichtsalltag so gestaltet, daß der lehrgangs- und fachbezogene Unterricht mit fächerübergreifenden Unterrichtseinheiten und erweiterten pädagogischen Angeboten verknüpft wird".

Wir haben in den letzten 5 Jahren über 10 % der niedersächsischen Grundschulen als Volle Halbtagsschulen einrichten können; nämlich 203 von insgesamt 1.853. Für die flächendeckende Einführung wären mehr als 2000 zusätzliche Lehrerstellen erforderlich. Dazu ist das Land finanziell nicht in der Lage. Gleiches gilt für die sonderpädagogische Grundversorgung der Grundschulen, hierfür wären rund 250 zusätzliche Sonderschul-Lehrerstellen nötig; selbst wenn sie finanzierbar wären, könnten sie wegen fehlender Bewerber nicht besetzt werden.

2. Frühes Fremdsprachenlernen

Diese kurzen Ausführungen zur Grundschulreform in Niedersachsen hängen in zwei Hinsichten eng mit der Einführung frühen Fremdsprachenlernens zusammen:

1. Die Volle Halbtagsschule läßt mehr Zeit zu kindgerechtem Lernen, in dem Lern-, Spiel- und Übungsphasen sinnvoll wechseln. In einer solchen Schulkonzeption ist frühes Fremdsprachenlernen besonders gut möglich. Der Stadtsenat Hamburg führt daher ab 1995 in fünf Jahresstufen flächendeckend die Volle Halbtagsschule und gleichzeitig an allen Grundschulen Frühenglisch verbindlich für alle Schülerinnen und Schüler ein.
2. Die flächendeckende Einführung des Frühen Fremdsprachenlernens würde in Niedersachsen etwa 215 zusätzliche Lehrplanstellen erfordern. Daher ist fraglich, ob es in Niedersachsen in den nächsten fünf Jahren zu einer flächendeckenden Einführung kommen wird.

Nun zum Stand der Planungen und der Realisierung des Frühen Fremdsprachenlernens in Niedersachsen.

Folgende Maßnahmen sind bereits vollzogen bzw. angelaufen:

- Durch Erlaß ist geregelt worden, daß Studierende für das Lehramt an Grund- und Hauptschulen mit dem Schwerpunkt Grundschule Englisch als erstes, zweites oder drittes Unterrichtsfach wählen können. Entsprechende Absolventinnen und Absolventen werden für eine Einstellung in den Schuldienst etwa ab 1996 zur Verfügung stehen.
- Eine Arbeitsgruppe des Niedersächsischen Kultusministeriums hat zwischenzeitlich didaktisch-methodische Empfehlungen für das Fremdsprachenlernen in der Grundschule erarbeitet; diese Empfehlungen werden in diesen Tagen an

alle Grundschulen, Orientierungsstufen und Gesamtschulen in Niedersachsen verschickt. In diesen Empfehlungen heißt es:

„Aufgaben und Ziele des Frühen Fremdsprachenlernens sind eingebunden in das Konzept der Öffnung von Schule und Unterricht. Der Grundsatzerlaß „Die Arbeit in der Grundschule“ bildet den Rahmen für diese Konzeption.

Fremdsprachenlernen in der Grundschule soll für die Unterschiede und Gemeinsamkeiten von Sprachen und Kulturen sensibilisieren und in diesem Zusammenhang auch sprachliche und kulturelle Kompetenzen und Kenntnisse vermitteln, d.h. im Frühen Fremdsprachenlernen verbinden sich sprachliches und interkulturelles Lernen. Indem die Schülerinnen und Schüler neben ihrer Muttersprache eine andere Sprache kennenlernen, nehmen sie Gemeinsamkeiten und Unterschiede zwischen den Sprachen wahr. Die eigenen Denk- und Sprachstrukturen können relativiert, Reflexionen und Vergleiche angebahnt werden.

Aufgaben und Ziele des Fremdsprachenlernens in der Grundschule sind:

– Interesse und Neugier gegenüber Andersartigem wecken und Angst vor Fremden abbauen
– grundlegende fremdsprachliche Kompetenz vermitteln
– eine offene und aufgeschlossene Haltung gegenüber anderen Sprach- und Kulturgemeinschaften fördern und somit auch einen Beitrag zur Friedenserziehung leisten
– Wahrnehmungsfähigkeit vertiefen und erweitern
– Freude am Umgang mit anderen Sprachen wecken.“[1]

Zur Darstellung der didaktischen Konzeption heißt es in diesen Empfehlungen:

„Die didaktische Konzeption des Fremdsprachenlernens in der Grundschule ist bestimmt durch die Integration in Fächer, in Lernbereiche und in das Schulleben. Die Impulse und die Inhalte für fremdsprachiges Lernen kommen aus dem schulischen und außerschulischen Lerngeschehen im weitesten Sinne und auch aus der fremden Sprache selbst. Ausgehend von den Inhalten und Methoden des Grundschulunterrichts ist das Fremdsprachenlernen integrativer Bestandteil des Unterrichts. Es ist somit kein eigenständiges Fach, das im Fächerkanon ausgewiesen wird.“[1]

Den größten Teil der Empfehlungen (S. 27-138) machen die Anregungen für die Unterrichtspraxis in Englisch und in Französisch aus; Anregungen für die Unterrichtspraxis in Niederländisch können auf Anfrage zur Verfügung gestellt werden.

---

[1] Quelle: Didaktisch-methodische Empfehlungen für das Fremdsprachenlernen in der Grundschule, hrsg. vom Niedersächsischen Kultusministerium, Schiffgraben 12, 30159 Hannover

Die ersten zentralen Lehrerfortbildungsmaßnahmen richtete das Niedersächsische Landesinstitut für Lehrerfortbildung (NLI) bereits 1991 ein. Die anzusprechenden Lehrkräfte lassen sich grob wie folgt untergliedern:

- „Lehrkräfte, die seit vielen Jahren in der Grundschule arbeiten, Englisch studiert haben, jedoch über keine bzw. nur geringe unterrichtspraktische Erfahrungen auf dem Gebiet verfügen. Z.Z. sind es ca. 1.800 Lehrkräfte.
- Lehrkräfte, die in Vergangenheit an anderen Schulformen Englischunterricht erteilt haben, bislang aber erst sehr begrenzte Erfahrungen in der Grundschule gesammelt haben.
- Lehrkräfte, die seit vielen Jahren in der Grundschule arbeiten, keine fachdidaktischen Kenntnisse in Englisch aufweisen, aber starkes Interesse an innovativen Vorhaben haben.
- Lehrkräfte, die ausgeprägtes Interesse an der englischen Sprache haben, ohne diese studiert zu haben und die oftmals durch Auslandserfahrungen oder persönliche Kontakte eine besondere Beziehung zum Land und zur Sprache aufgebaut haben“. (Aus einem Manuskript von Heide Niemann, NLI)

Die zentralen Kursangebote des NLI zeichnen sich durch zwei Momente aus:

- Die Fortbildung von Kursleiterinnen und Kursleitern für die 17 niedersächsischen Lehrerfortbildungsregionen,
- das Einbeziehen von Kursen im Land der Zielsprache, im Falle von Niedersachsen: England, Frankreich und die Niederlande (inzwischen haben ca. 200 Lehrkräfte an Kursen in England teilgenommen. Ähnliche Kurse fanden oder finden in Frankreich und in Holland statt).

Die Einführung des Frühen Fremdsprachenlernens war in Niedersachsen ursprünglich für den 1.8.1994 sofort flächendeckend geplant, d.h., daß alle Grundschulen gleichzeitig beginnen sollten. Angesichts der angespannten Haushaltslage und der sehr umfänglichen Lehrerfortbildungsmaßnahmen wurde dann die Einführung auf ca. fünf Jahre verteilt. Der Einführungstermin wurde auf später verschoben.

Durch Initiativen vor Ort, d.h. durch Aktivitäten von Eltern, Lehrkräften, Schulleitungen und Schulbehörden in der Stadt Braunschweig und im Landkreis Holzminden, wurden zwei Projekte „Frühenglisch in der Grundschule“, beginnend im 3. Schuljahr und verbindlich für alle Schülerinnen und Schüler eingerichtet. Mit der Einrichtung in weiteren solcher geschlossenen Regionen ist in den nächsten Jahren zu rechnen.

Über diese Projekte hinaus wird an rund 390 niedersächsischen Grundschulen Englisch oder eine andere europäische Sprache in den Schuljahrgängen 3 und 4 in Arbeitsgemeinschaften oder auch als Klassenunterricht angeboten.

Zukünftig jedoch sollen nur Grundschulen mit dem Frühen Fremdsprachenlernen beginnen, wenn sie zu einer geschlossenen Region gehören. Das Minimum einer solchen geschlossenen Region sind alle Grundschulen, die zu einer Orientierungsstufe gehören; denn nur so kann gesichert werden, daß im 5. Schuljahr Klassen mit Schülerinnen und Schülern entstehen, die alle am Frühen Fremdsprachenlernen teilgenommen haben.

Hier sei ein Rückblick auf die umfänglichen und in sich erfolgreichen niedersächsischen Schulversuche in den siebziger und achtziger Jahren gestattet. Die damaligen Versuche mit Englischunterricht in der Grundschule sind letztlich deshalb nachträglich negativ eingestuft worden, weil dieser Unterricht in der Sekundarstufe I nicht fortgeführt wurde. Die Gründe dafür waren folgende:

- Es gab damals kaum Orientierungsstufen; der Übergang von der Grundschule erfolgte direkt in Hauptschule, Realschule oder Gymnasium.
- An den weiterführenden Schulen konnten keine Klassen eingerichtet werden, die sich homogen aus Schülerinnen und Schülern mit Fremdsprachenunterricht in der Grundschule zusammensetzten.
- Es gab seinerzeit kein abgestimmtes Gesamtkonzept für die Primarstufe und für die Sekundarstufe.

Man hatte damals den Fehler begangen, Schülerinnen und Schüler, die schon zwei Jahre lang Englisch gelernt hatten, mit den Neuanfängern in eine Klasse zusammenzuführen. Mit der stufenweisen Einführung in geschlossenen Regionen will Niedersachsen diesen Fehler vermeiden. Es gilt also, in den Einführungsjahren solche geschlossenen Regionen zu finden, wie sie oben als Minimum beschrieben wurden. Geschlossene Regionen können aber auch ganze Landkreise bzw. kreisfreie Städte sein, wie es in Holzminden und Braunschweig der Fall ist. In der Regel muß jedenfalls die Weiterführung in den zuständigen Orientierungsstufen oder den Integrierten Gesamtschulen gesichert sein. Wünschenswert und deshalb anzustreben ist aber auch die Weiterführung des jeweiligen Fremdsprachenunterrichts nach der Orientierungsstufe in den Hauptschulen, Realschulen, Gymnasien und Kooperativen Gesamtschulen.

Der Reformprozeß der Grundschule wird in Niedersachsen langsamer werden, aber er darf keine Unterbrechung oder gar einen Stillstand erfahren. Meine Erwartung ist, daß zum 100. Geburtstag der Grundschule, im Jahre 2.020 also, in Niedersachsen festgestellt werden kann, daß

- Behinderte und nicht behinderte Kinder gemeinsam die Grundschule besuchen,
- kein Kind vom Schulbesuch mehr zurückgestellt wird,
- Fremdsprachenunterricht in der Grundschule eine Selbstverständlichkeit ist,
- die Volle Halbtagsschule verwirklicht worden ist.

Graziano Priotto

Tendenzen und Probleme des muttersprachlichen Unterrichts in der Grundschule

„You're abusing that child and relegating her to the position of a housemaid" Richter Samuel C. Kiser (Texas) zu Marta Laurano, einer Spanierin, die zu hause Spanisch und nicht Englisch mit ihrer fünfjährigen Tochter sprach. Er entschuldigte sich später.
(Newsweek, 11.9.1995, S.1)

1. Eine Standortbestimmung

Seit 25 Jahren findet in der Bundesrepublik unter der Bezeichnung „Muttersprachlicher Unterricht" (MU) die Unterweisung der Kinder ausländischer Arbeitnehmer in der Sprache und Landeskunde ihres Abstammungslandes statt.

In diesem Referat sollen Probleme und Tendenzen des MU erörtet werden: ein ziemlich umfangreiches Unternehmen, wenn man an die inzwischen veröffentlichten Studien denkt, an die unzähligen Tagungen und Fachgespräche, die in den letzten zwanzig Jahren über den MU stattgefunden haben.

Doch alle diese Probleme sind im Kern auf ein einziges zurückzuführen: nämlich auf jene Betrachtungsweise, die den MU als Problem und nicht als Chance wahrnimmt. Diese Haltung hat die ganze 25jährige Geschichte des MU begleitet, sowohl in Deutschland als auch in vielen anderen Ländern Europas.

Daher läßt sich leider auch schnell über die Tendenzen berichten: eine Entwicklung des MU hat es in den meisten Fällen nicht gegeben, die Lage ist unverändert, die Zeit ist fast überall stehen geblieben.

Und doch, wenn auch nicht direkt im Bereich des MU, sind in einigen Bundesländern Anzeichen einer Besinnung auf eine neue Pädagogik spürbar, die die Unterschiede, die Vielfalt, das Anderssein als Bereicherung und Angelpunkt einer Erneuerung der Schule sieht. Der Abschied von einer Ausländerpädagogik, die jene Kinder aus fremden Ländern als Probleme bewertete und die Wende zur Interkulturellen Erziehung, die in diesen Kindern eine Ressource sieht, ist vielleicht der größte Beitrag des MU an die deutsche Pädagogik. Gleichzeitig ist diese, bisher nur in den Schulen weniger deutscher Länder praktizierte Aufwertung der Sprachen und Kulturen der ausländischen Schüler, eine der größten Chancen und gleichzeitig eine Herausforderung für den MU. Wenn nämlich dieser Unterricht aus den Kellern der deutschen Schulen geholt wird und einen gebührenden Platz in den Lehrplänen erhält, dann muß er die Gegenleistung bringen, die von ihm verlangt wird: eine echte Bereicherung der Schule zu sein. Und dies ist nur der Fall, wenn der MU als Fremdsprachenunterricht auch deutschen Schülern zugute kommt.

2. Der MU in der BRD in seinen Grundzügen: Ausmaß, Ziele, Formen, rechtliche Grundlagen

Von den ca. 800.000 ausländischen Schülern in Deutschland besuchen nur ca. 300.000 den MU in den jeweiligen Herkunftssprachen, d.h. weniger als 40%.

Es wäre jedoch ein großer Irrtum, diese Angabe als einen einheitlichen Befund zu betrachten. Die Prozentzahlen verraten nicht die enormen Unterschiede zwischen verschiedenen Nationalitäten, zwischen den einzelnen deutschen Ländern und Regionen.

Bei näherer Betrachtung sehen die Daten ganz anders aus: schon in ein und derselben Stadt sind die Teilnehmerzahlen an diesem freiwilligen Unterricht höchst unterschiedlich. Und selbst bei den einzelnen Lehrern sind die Quoten der Teilnahme am verschiedensten : aus manchen Schulen fast 100%, aus anderen die Hälfte, aus anderen kein einziger Schüler.

Welche Bedingungen eine Rolle spielen, ist z.T. schwer zu bestimmen; sicher, die materiellen Einschränkungen haben ihre Bedeutung (Entfernung zu der als Sammelstelle und als Ort des Unterrichts fungierenden Schule, Stundenpläne, andere konkurrierende Angebote für außerschulisches Lernen oder Freizeitgestaltung), aber die Überzeugung der Eltern und die Haltung der deutschen Lehrer und Rektoren spielen ebenfalls eine entscheidende Rolle.

Um ein konkretes Beispiel zu geben: Findet der MU mit Bewilligung und Unterstützung der Schulleitung am Vormittag an Eckstunden in der gleichen Schule statt, dann ist die Teilnehmerquote in der Regel nahezu 100%; findet dagegen der MU nachmittags in einer anderen Schule statt, reduziert sich die Quote leicht auf die Hälfte und nicht selten auf weniger.

Andere Bedingungen kommen hinzu. Der MU war zuerst eine Antwort auf die plötzliche und unvorbereitete Migration, weshalb er zunächst als Parallelmaßnahme zu den "Internationalen Klassen" gesehen wurde, also als flankierender Unterricht in der Muttersprache, während die Schüler durch Intensivunterricht die deutsche Sprache erlernten.

Die EG-Richtlinie Nr. 486 vom 25. Juli 1977 schaffte dann den gesetzlichen Rahmen für die weitere Entwicklung dieses Unterrichts, deren Verantwortung den Schulbehörden der jeweiligen Aufnahmestaaten zugesprochen wurde. Fünf Bundesländer übernahmen dementsprechend die Durchführung des MU in eigener

Regie (Bayern, NRW, Niedersachsen, Hessen, Rheinland-Pfalz), die übrigen Länder betrachteten weiterhin den MU als Angelegenheit der ausländischen Konsulate und beschränkten sich auf die Gewährung von Zuschüssen und auf die Regelung der materiellen Aspekte (erlaubte Höchststundenzahl, Mindeststärke der Lerngruppen für die Zuschüsse).

Während die Länder der ersten Gruppe auch eigene Curricula und z.T. Lehr- und Lernmaterialien für den MU entwarfen, haben sich bisher die anderen Länder darauf beschränkt, Anweisungen für die Abstimmung des MU mit dem Regelunterricht zu erteilen, die in der Regel nicht einmal verpflichtenden Charakter besitzen.

2.2. Zwischen alten und neuen Bedürfnissen, veränderten Zielen und schwankenden Erwartungen der Adressaten

Die "Gleichzeitigkeit des Ungleichzeitigen" ist einer der Hauptprobleme des MU: mit dem Fortschreiten der Generationen ändern sich unaufhaltsam die Beziehungen zum Abstammungsland und mit der Aufgabe der Rückkehrabsichten verliert der MU eine seiner Legitimationen, nämlich die Vorbereitung auf den Schulbesuch in der Heimat. Gleichzeitig avanciert in den bestintegrierten Familien das Bedürfnis, aus der noch beibehaltenen Sprache Kapital zu schlagen: es ist das Verlangen von Anerkennung dieser Sprache als normales Schulfach in der deutschen Schule. Dazu kommt, daß stetig, wenn auch in geringer Zahl, neue Zuwanderer kommen, für die die alten Ziele des MU volle Gültigkeit behalten.

Daraus läßt sich die erste Grundempfehlung für jede Reform ablesen: Der MU muß so organisiert und durchgeführt werden, daß er Bedeutung für beide Gruppen behält, für die neuen Migranten wie für diejenigen, die seit einer oder zwei Generationen zugewandert sind.

Weil aber diese Umorientierung nur langsam und nicht für alle Migranten einer Generation zur selben Zeit stattfindet, entsteht als zusätzliche Aufgabe für den MU die Pflicht, die Familien zu orientieren, d.h. sie beide Aufgabe als wichtig und untrennbar erkennen zu lassen: die Beibehaltung der mitgebrachten Sprache und Kultur und die Aufnahme der hiesigen.

Die erste Schwierigkeit bei der Planung des MU ist in der Regel die Abstimmung mit den Adressaten, mit den Kindern, aber vor allem mit deren Eltern: ihre Haltung schwankt zwischen übermäßig hohen und unerfüllbaren Anforderungen einerseits, oder Desinteresse andererseits. Die Kinder sollten, ginge es nach den Wünschen mancher Eltern, die Muttersprache genauso perfekt wie die Schüler im Heimatland erlernen, ein unerreichbares Ziel in den wenigen Stunden wöchentlich. Oder sie dürften sich überhaupt nicht mit der Heimatsprache beschäftigen, um den Schulerfolg in der deutschen Schule nicht zu gefährden. Diese Schwankungen sind jedenfalls die Widerspiegelung einer auch noch nach vielen Jahren der Emigration bleibenden Unsicherheit und Desorientierung, eines Konflikts von Zielen oder eher noch eine Folge der Unmöglichkeit, die Zukunft konsequent zu planen.

3. MU und Regelunterricht: die Frage nach der Wirkung und die Abstimmungsprobleme

Noch mehr als andere Schulfächer muß der MU seine Legitimation auf seinem Nutzen begründen, er steht sozusagen unter Leistungsnachweisdruck. Die anfängliche Rechtfertigung für die Organisation des MU war das Beibehalten und die Weiterpflege der Muttersprache der damals erst zugewanderten Familien für den Fall einer noch als realistisch gedachten Rückkehr.

Je länger der Aufenthalt und je geringer die Rückkehrchancen werden, desto weniger ersichtlich erscheinen dann die Bemühungen für den Erhalt der Muttersprache.

Die Vorteile einer zweisprachigen Erziehung werden in dieser Phase noch nicht generell erkannt. Dies, weil in der deutschen Schule die Fremdsprachen eine noch zu geringe Rolle spielen, und vor allem, weil ihre Angebotspalette zu beschränkt ist.

Wichtige Aufgaben des Fremdsprachenunterrichts in den Grundschulen sind deshalb die Erweiterung der angebotenen Sprachen und die Aufwertung der Mehrsprachigkeit.

Im folgenden wird beim Thema Mehrsprachigkeit in den deutschen Schulen der Teufelskreis verdeutlicht:

1. Die Muttersprache der ausländischen Kinder wird in der deutschen Schule nicht ernst genommen, nicht als Wert erkannt.
2. Dadurch verringert sich die Zahl der Kinder, die den MU regelmäßig besuchen.
3. Der MU bleibt eine Ergänzungsmaßnahme ohne Belang für die deutsche Schule.
4. Den ausländischen Lehrer/innen fehlt dadurch die Möglichkeit, ihre Schüler zum Besuch des MU zu motivieren.
5. Die Schüler haben kaum Interesse, einen für die deutsche Schule wertlosen, ungünstig organisierten Unterricht zusätzlich zu besuchen.
6. Unter solchen Prämissen verliert der MU an Bedeutung, Wirkung und auch an Glaubwürdigkeit.
7. Die Eltern haben große Schwierigkeiten, ihre Kinder zum Besuch des MU echt zu motivieren.
8. Aufgrund dieser sehr oft sprachlichen Entwicklungsprobleme wird den Eltern abgeraten, ihre Kinder in den MU zu schicken.

9. Viele Eltern verlieren selbst die Motivation, sich in der Kindererziehung für die Beibehaltung der Heimatsprache ernsthaft zu engagieren.
10. Beim Schulanfang zeigen diese Kinder erhebliche Lernstörungen und Mängel in der Sprachentwicklung.
11. Sehr oft, wenn nicht gar regelmäßig, erhalten ausländische Eltern von Erzieher/innen und Lehrer/innen die Aufforderung, Deutsch mit ihren Kindern zu sprechen.
12. Mit diesem "Gastarbeiterdeutsch“ oder bestenfalls mit Kenntnissen des Deutschen als Fremdsprache läßt sich kaum eine stimulierende Kommunikation in der Familie aufrechterhalten; die sprachliche, kognitive und emotionelle Entwicklung der Kinder wird beeinträchtigt.

3.1. Schulerfolg in der deutschen Schule, Besuch des MU, Rolle der Herkunftssprache in der Erziehung

Die Frage nach dem Nutzen des MU hat sich anfangs nur im negativen Sinne gestellt: als Vermeidung von Überforderung, mit anderen Worten, als Absicherung des Regelunterrichts gegen befürchtete Beeinträchtigungen durch den MU. Dies ist z.B. noch heute der Leitgedanke aller Ausführungen über die Abstimmung des MU mit dem Regelunterricht in Baden-Württemberg.

Gerade aus diesem Land, genauer gesagt aus Süd-Baden, kommt jedoch eine unmißverständliche Antwort auf die Frage nach der Wirkung des MU auf die Gesamtleistung der Schüler. Ich zitiere die Ergebnisse einer Umfrage (Priotto 1993) der dortigen Schuldirektion des italienischen Konsulats vom Jahr 1993:

1. Besuchen die Schüler den Italienischunterricht und wurde die Heimatsprache in der Erziehung verwendet, ist jeder fünfte von ihnen in einer Realschule oder in einem Gymnasium;
2. Wurde zu Hause Deutsch statt der italienischen Muttersprache verwendet, dann ist nur noch ca. jeder zehnte von diesen Schülern in einer solchen weiterführenden Schulart;
3. Wurde auf den Italienischunterricht verzichtet, dann sitzt jeder fünfte Schüler in der Sonderschule für Lernbehinderte.

(Berücksichtigt wurden lediglich Familien mit beiden Eltern italienischer Staatsangehörigkeit).

Diese Daten belegen die von vielen Pädagogen und Sprachwissenschaftlern aufgestellte Hypothese eines Zusammenhangs zwischen Vernachlässigung der Muttersprache und Schulversagen bei Migrantenkindern. Würden diese Daten ernst genommen (und überprüft für alle Nationalitäten, vgl. Baur/Meder 1992), hätte man einen hinreichenden Beleg für die Dringlichkeit einer Aufwertung des MU, ja für die Notwendigkeit seiner Übernahme in die normalen Curricula.

3.2. Wege aus der Isolierung des MU und Möglichkeiten seiner Eingliederung in das Curriculum

Ohne die letztgenannte Voraussetzung wird sich insgesamt in der Praxis des MU wenig ändern, denn obwohl es an isolierten Versuchen nie ganz gefehlt hat und es z.T. sehr gute Beispiele der Zusammenarbeit zwischen deutschen und ausländischen Lehrern und Eltern an einzelnen Schulen gegeben hat (und sicher noch weiterhin geben wird), scheint die allgemeine Lage dadurch nicht spürbar verändert.

Um den Weg des MU in die deutschen Curricula anzubahnen, helfen jedoch Plädoyers oder Argumente der hier bisher aufgeführten Art nicht. Wenn es jedoch etwas gibt, das die ausländischen Lehrer tun können, mit Hilfe von engagierten deutschen Kollegen gleicher Überzeugung, ist es die Suche nach Themen und die Durchführung von Projekten, die den MU auch für die deutsche Schule als relevant zeigen.

Nicht nur bei Schulfesten oder Anlässen wie die "Wochen der ausländischen Mitbürger" lassen sich gemeinsame Projekte organisieren. Auch für den Unterrichtsalltag kann man Berührungspunkte in vielen Themen und verschiedenen Fächern finden : Erdkundliche oder geschichtliche Themen sind sicher bei allen Schularten geeignet, aber selbst in der Grundschule können viele der Themen aus dem Bereich "Sach- und Heimatkunde" eine parallele und unterstützende Behandlung im MU finden : von den Unterschieden und Ähnlichkeiten in der Gestaltung von Feierlichkeiten, Essen, Kleidung, Wohnen, Freizeit, vom Alltag in verschiedenen Ländern kann der Regelunterricht starke Impulse durch eine Koordinierung mit dem MU erfahren.

Auf diesem Weg kommen wir aber in den Bereich der interkulturellen Erziehung, was zweifellos der meistversprechende Ansatz für eine Aufwertung des MU sein dürfte.

4. MU und interkulturelle Erziehung

Interkulturelle Erziehung ist - kurz gesagt - die gemeinsame Erziehung von Menschen aus verschiedenen Kulturen. Es wird u. a. postuliert, daß die Beschäftigung mit fremder, andersartiger Kultur das Weltbild bereichert.

Welchen Beitrag kann der MU bei der interkulturellen Erziehung leisten? Die Anwesenheit von Trägern anderer Kulturgüter, d.h. von ausländischen Kindern, ist Grund genug, die Verschiedenheit der Kulturen zu thematisieren, die Offenheit zu fördern.

Dabei spielt die Sprache eine primäre Rolle, und somit ist den Programmen, wie die in Sachsen eingeführte Begegnungssprache, große Bedeutung beizumessen. Ich sehe darin mit Genugtuung die kluge Entscheidung, die Sprachen der ausländischen Kinder - ein überall in Deutschland vorhandenes Kulturgut - nicht brachliegen oder verkümmern zu lassen (wie es leider in noch allzuvielen Bundesländern der Fall ist), sondern es aufzuwerten und die deutschen Schüler davon profitieren zu lassen.

4.1. Öffnung des MU für deutsche Schüler

Wenn in einer Klasse eine zahlenmäßig ausreichende Gruppe ausländischer Schüler gleicher Nationalität für die Durchführung des MU vorhanden ist, warum nicht versuchen, deutschen Kindern diesen Unterricht zu öffnen? Diese Möglichkeit ist von mir in einigen Grundschulklassen erprobt worden, wobei der Anfang in der ersten Klasse sich als die beste Lösung erwiesen hat.

Ganz problemlos ist dieser Unterricht nicht zu planen und zu erteilen, denn sowohl den ausländischen Kindern wie den deutschen muß sprachlich und inhaltlich Wesentliches beigebracht werden, und selbstverständlich müssen die schon vorhandenen Sprachkenntnisse der ausländischen Kinder in ihrer Heimatsprache berücksichtigt werden.

Als praktikable und zugleich gut motivierende Lösung hat sich eine Zweiteilung des Unterrichts erwiesen. Im ersten Teil (eine Stunde am Nachmittag), nur mit den italienischen Schülern und deren Sprachniveau entsprechend durchgeführt, wurden die Themen der jeweiligen Unterrichtseinheit durchgenommen und die Planung des zweiten Teils besprochen.

An einem der folgenden Tage fand dann der zweite Teil des Unterrichts statt, diesmal zusammen mit den deutschen Kindern, wobei die italienischen Schüler aufgrund ihrer Vorbereitung sozusagen als "Hilfslehrer" oder "Gruppenleiter" den deutschen Schulkameraden halfen: bei kurzen Dialogen übernahmen sie z.B. wechselweise beide Rollen, beim Singen von Liedern wiederholten sie in kleinen Gruppen den Text, gaben Übersetzungen und verbesserten gelegentlich die Aussprache der deutschen Mitschüler.

Es ging nicht immer alles wie nach einem Drehbuch vor, aber das Engagement der italienischen Kinder bei diesen Aufgaben blieb stetig hoch, was wiederum positiven Einfluß auf die deutschen Mitschüler hatte. Diese italienischen Kinder wirkten deshalb so gerne mit, denke ich, weil sie sich einmal auch als Ressource angesehen fühlten und nicht nur als Problem.

Mit dem gleichen Wunsch möchte ich meine Ausführungen abschließen: daß der MU allmählich auch als Ressource für die deutsche Schule wahrgenommen wird, wobei auf einen Schlag viele Probleme gelöst würden, für die ausländischen Schüler aber auch für die deutsche Schule.

Literatur

BAGIV (Hrsg.): Muttersprachlicher Unterricht in der Bundesrepublik Deutschland. Hamburg 1985.

Baur, R.S./Meder, G.: Zur Interdependenz von Muttersprache und Zweitsprache bei jugoslawischen Migrantenkindern. In: Baur/Meder/Prevísic (Hrsg.): Interkulturelle Erziehung und Zweisprachigkeit. Hohengehren 1992, S. 109-140.

Couillaud X./Saifullah Khan V.: Sprachenvielfalt im interkulturellen Unterricht. Das Children's Language Projekt. In : Homann M./Reich Hans H. (Hrsg.): Ein Europa für Mehrheiten und Minderheiten. Diskussionen um interkulturelle Erziehung. Münster 1989, S. 215-235.

Gauß R./Harasek A. (Hrsg): Interkulturelle Bildung - Lernen kennt keine Grenzen Wien 1994.

Hamburger, Franz : Pädagogik der Einwanderungsgesellschaft. Frankfurt/M. 1994.

Helfrich U./Riehl C.M. (Hrsg.): Mehrsprachigkeit in Europa - Hindernis oder Chance? Wilhelmsfeld 1995.

Müller (Hrsg.): Das Projekt "Lerne die Sprache des Nachbarn. Karlsruhe (Oberschulamt) 1986.

Priotto, G.: Rückkehr zur Erziehung. Radolfzell (Casa del Tiglio) 1993, S. 7-14.

Ogbu, John: From Cultural Differences to Differences in Cultural Frame of Reference. In: Greenfeld P./Cocking R. (Hrsg.): Cross-Cultural Roots of minority Child Development. Hillsdale (New Jersey) 1994, S. 365-391.

Reich, Hans H.: Grundsatzüberlegungen zum Muttersprachlichen Unterricht. In: Deutsch Lernen. 1/1992, S. 77-84.

(Ders.): Lehrer für vielsprachige Klassen. Ein Bericht über das Projekt Linguistic Diversity in the Primary School (LDPS). In: Deutsch Lernen 3/1992, S. 285-293.

Skuttnabb-Kangas Tove: Mehrsprachigkeit und die Erziehung von Minderheitenkindern. In: Deutsch Lernen. 1/1992, S.38-67.

Antonio Riccò

Die didaktisch-methodische Konzeption des Italienischunterrichts in der Deutsch-italienischen Grundschule Wolfsburg

Die italienische Sprache spielt in der aufgrund einer bilateralen Vereinbarung in Wolfsburg 1993 gegründeten Deutsch-Italienischen Grundschule (DIS) eine doppelte Rolle: zum einen wird sie täglich in halber Klassenstärke (maximal 14 Schüler) für jeweils 30 Minuten unterrichtet, zum anderen wird sie in zunehmendem Maße als Unterrichtssprache im Sachunterricht verwendet. Der Sachunterricht findet teilweise in Doppelbesetzung statt. Dieser Beitrag befaßt sich allerdings nur mit Fragen des Sprachunterrichts Italienisch.

Unabhängig davon hat die italienische Sprache für die Schüler, die an dem Schulversuch der DIS teilnehmen, eine unterschiedliche Funktion, je nachdem in welcher sozialen, familiären und sprachlichen Umgebung sie bis zum Zeitpunkt der Einschulung aufgewachsen sind. Da die Aufnahmekriterien zu einer Schülerschaft führten, die sich aus annähernd 20% Kindern binationaler Familien und jeweils 40% deutscher bzw. italienischer Familien zusammensetzten, können ihrem Verhältnis zur italienischen Sprache entsprechend drei Gruppen gebildet werden:

a) Kinder, deren Muttersprache Italienisch oder, wie in den meisten Fällen, eine regionale Variante der italienischen Hochsprache ist. Sehr selten haben diese Kinder in Italien ihre ersten Lebensjahre verbracht. Italienisch ist für sie die Sprache der Kommunikation mit den Eltern, oft auch mit kleinen Geschwistern und erwachsenen italienischen Verwandten. Diese Kinder sprechen aber auch mit unterschiedlicher Sprachkompetenz die deutsche Umgangssprache, nicht nur im außerfamiliären Umfeld, sondern auch mit älteren Geschwistern.
b) Kinder mit einer deutschen Mutter und einem italienischen Vater oder umgekehrt: Fast immer ist für diese Gruppe Deutsch die dominante Sprache, während die italienischen Sprachkenntnisse zum Zeitpunkt der Einschulung zwischen gar keinen oder rein passiven Kenntnissen schwanken. In Einzelfällen tritt die italienische Sprache als Zweitsprache auf und spielt in der interfamiliären Kommunikation eine kontinuierliche, wenn auch eine untergeordnete Rolle.
c) Kinder, die in einem deutschsprachigen Umfeld aufgewachsen sind, für die Italienisch eine echte Fremdsprache ist. Zu dieser Gruppe gehören auch Kinder aus binationalen Familien, deren Eltern der zweiten Einwanderergeneration angehören.

Da die Zusammensetzung der Lerngruppen der gesamten Schülerschaft entspricht, findet der Italienischunterricht unter dem Vorzeichen besonderer Schwierigkeiten, aber auch Chancen statt. Für vorwiegend deutschsprachige Schüler muß das Italienisch-Curriculum ein Lernklima schaffen, das Lernen ohne Überforderung ermöglicht. Gleichzeitig aber müssen die Lernsituationen auch den Bedürfnissen der Muttersprachler entsprechen, für die der Unterricht nie langweilig sein und immer neue Lernperspektiven bieten soll.

Die Unterschiede in den Sprachkenntnissen der Schüler stellen aber auch eine Gelegenheit dar, um miteinander und voneinander zu lernen, wobei nicht nur die Anwesenheit von Muttersprachlern von Bedeutung ist, sondern auch der Kontakt und Austausch zwischen Kindern, deren Sozialisation in unterschiedlichen Kulturen stattgefunden hat. Sicherlich können italienischstämmige Schüler nicht die Rolle eines Botschafters der italienischen Alltagskultur übernehmen, aber sie bringen in den Unterricht ihre persönlichen „italienischen" Erfahrungen mit ein.

Im übrigen muß hier festgestellt werden, daß ähnliche Voraussetzungen für den Unterricht der deutschen Sprache in der DIS oder in anderen Klassen mit hohem Ausländeranteil vorliegen. Auch in diesen Fällen sollte der Unterricht so gestaltet werden, daß die Bedürfnisse beider Gruppen gleichermaßen Beachtung finden, wobei man sich darüber im klaren sein muß, daß das Bewußtsein hierüber sehr ausgebaut werden müßte. Aus der bisherigen Erfahrung heraus, auch aus der in der DIS, muß man feststellen, daß die von Eltern, Schulbehörden und Lehrkräften geforderte Behutsamkeit bei den Anforderungen des Italienischunterrichts, um deutschsprachige Kinder nicht zu überfordern, in der umgekehrten Situation (italienische Muttersprachler lernen Deutsch) weniger Anklang findet.

Wenn deutsche Lehrkräfte mit dieser Situation konfrontiert werden, hört man ähnlich klingende Antworten wie diese: „Deutsch ist in Deutschland die Sprache, die man lernen soll" oder „die Mehrheit der Schüler hat ein Recht darauf, daß der Unterricht zunächst ihren Ansprüchen nachkommt". Manchmal werden die Rahmenrichtlinien für den Deutschunterricht zitiert, die die Bedeutung der Erlernung der (deutschen) Muttersprache hervorheben. In solchen Gesprächen werden die bei den ausländischen Kindern vorhandenen Schwierigkeiten und unterschiedliche Lernvoraussetzungen heruntergespielt, mit der Behauptung „Italiener sind in Deutschland keine Ausländer mehr und sehr gut integriert". Was für das Erlernen der italienischen Sprache als oberstes pädagogisches Prinzip gelten soll („Der Unterricht hat sich an den unterschiedlichen Kenntnissen der Schülerschaft zu orientieren"), scheint für den Deutschunterricht nur in abgeschwächter Form zu gelten.

Da keine Rahmenrichtlinien oder didaktischen Materialien für diese besondere Lernsituation vorhanden waren, erarbeiteten die Lehrkräft selbst, in Zusammenarbeit mit dem Autor, in den letzten Jahren ein spezielles Curriculum für den Italienischunterricht. Es wurde darauf geachtet, Materialien zu entwickeln, die so weit wie möglich eine gemeinsame Arbeit der Schüler, aber auch - teilweise - eine innere Differenzierung vor allem für die italienischen Muttersprachler erlauben.

Die tägliche, für den Italienischunterricht vorgesehene Zeit muß als ein Bestandteil des zweisprachigen und interkulturellen Schulversuchs angesehen werden: dazu gehören u.a. die progressiv ausgebaute Rolle des Italienischen im Sachunterricht und die Verwendung der italienischen Sprache im musisch-kulturellen Bereich. Die Inhalte und Themen des Italienischunterrichts knüpfen außerdem an die an, die in den niedersächsischen Rahmenrichtlinien für den Sachunterricht, für den muttersprachlichen Unterricht und für den Deutschunterricht vorgesehen sind. Die Anknüpfung an die anderen Fächer beinhaltet nicht eine einfache Wiederholung des Unterrichtsstoffs in einer anderen Sprache, vielmehr werden gleiche oder ähnliche kulturelle Inhalte aus einem anderen Blickwinkel betrachtet.

Anhand dieser Überlegungen wurden einige methodologische Entscheidungen getroffen, z.B. der Vorrang des mündlichen Sprachgebrauchs vor dem Schriftlichen, die Ausdehnung der Phase der Alphabetisierung, die Bevorzugung von handlungs- und bewegungsreichen Lernsituationen, der spielerische, kreative aber nicht unbedingt improvisierte Ansatz usw. Darüber hinaus wurde bei der Themenauswahl auch auf kulturelle Erfahrungen der italienischen Migranten zurückgegriffen, die in kindgerechter Weise verarbeitet werden. Als Beispiele können hier erwähnt werden die Trennung und Auflösung der Großfamilie, die ein besonderes traumatisches Erlebnis darstellt in einer Kultur wie der süditalienischen, in der familiäre Bindungen noch große Bedeutung innehaben; das Heimweh und die Sehnsucht nach einer Rückkehr in die Heimat, mit denen die Kinder schon früh konfrontiert werden und die ein idealisiertes Bild von Italien vermitteln; die in der Schule selbst vertretene Vielfalt der italienischen Regionalkulturen: sie stehen im Einklang mit den geographischen Besonderheiten Italiens und haben eine wesentlich höhere Bedeutung als in Deutschland.

Das Curriculum gliedert sich in den vier Jahren in 18 Themenbereiche. In der Regel stehen sie in Verbindung mit einer Geschichte, die von den Kindern dank einer besonderen Methodik *erlebt* werden. Von diesem allgemeinen Prinzip weichen zwei Ausnahmen ab:

- die ersten 6 - 8 Schulwochen im 1. Schuljahr werden genutzt, um durch Spiele, Singen und handelndes Lernen die schulische Umwelt zu erforschen. In diesen Wochen lernen die Kinder zwei italienische Schülerhandpuppen kennen, nehmen an einer Schnitzeljagd teil, bilden einen Zug, der die Schulräume erkundet usw.
- gegen Ende des 3. Schuljahres bereiten die Schüler eine Theatervorstellung in italienischer Sprache vor. Im Mittelpunkt dieses Projekts, das am besten

fächerübergreifenden Charakter haben sollte, stehen die Masken der Commedia dell'Arte mit Arlecchino, Colombina, Pulcinella u.v.a.

Die Themen der vier Jahre sowie die Titel der Geschichten und deren kurze Inhaltsangabe sind der Anlage 1 zu entnehmen.

Obwohl die Geschichten und die begleitenden Materialien, die während der vier Jahre der DIS Verwendung finden, für diesen Schulversuch eigens erfunden und entwickelt worden, teilweise in Seminaren mit italienischen Lehrkräften, greift die gewählte Methodik Erfahrungen aus anderen Kontexten auf. José M. Artigal und Traute Täschner hatten im Rahmen von Projekten in den Kindergärten von Barcellona bzw. in Rom und in der Region Emilia-Romagna mit einem ähnlichen Ansatz gute Erfahrungen im Frühfremdsprachunterricht gesammelt. Frau Dr. Teschner, Dozentin für Psycholinguistik in einer der römischen Universitäten, hatte später in Südtirol einen Schulversuch begleitet, dessen Zweck der Unterricht der Zweitsprache Deutsch in den ersten Klassen der Grundschulen in italienischer Sprache der autonomen italienischen Provinz war. Eine der maßgeblich an diesem Schulversuch beteiligten Lehrerinnen, Frau Friederike Holzbauer Polestra aus Bozen, hat in Wolfsburg an der Erstellung einiger Geschichten mitgewirkt.

Die Besonderheit der 16 Geschichten besteht darin, daß sie den Kindern nicht *erzählt* werden, sondern daß man sie mit ihnen zusammen unmittelbar *erlebt*. Wenn die Kinder zum erstenmal mit einer Geschichte konfrontiert werden, verfügen sie über keinerlei Vorinformationen, weder über die handelnden Personen, noch über die Handlung selbst. Es wird ein Kreis gebildet, zusammen mit der Lehrkraft. Sie hat in der Vorbereitungsphase ein Skript gelernt, das alle Angaben über den Inhalt der Geschichte enthält, über die Bewegungen der Personen, deren Text, über Mimik und Gestik, die die verbale Sprache begleiten. Ein Beispiel von solchen Skripten kann man der Anlage 2 entnehmen. Selbstverständlich muß die Lehrkraft diese Vorbereitungen sehr gewissenhaft durchführen: eine eventuelle technische Unsicherheit der Lehrkraft könnte sonst den Lerneffekt prejudizieren, das Verständnis - vor allem für deutschsprachige Schüler - erschweren und deren Aufmerksamkeit sinken lassen.

Die Lehrerin (in der DIS sind ausschließlich weibliche italienische Lehrkräfte tätig) beteiligt sich auf zweierlei Weise an der Geschichte: einerseits handelt und spricht sie, als ob sie eine der Personen der Geschichte sei; andererseits spielt sie die Rolle des „Erzählers", der Hinweise gibt auf sonst schwer vermittelbare Vorgänge wie z.B. zeitliche Sprünge oder Informationen über den jeweiligen Handlungsort. In diesem letzten Fall spricht die Lehrerin mit einer zur Geschichte distanzierten, emotionslosen Stimme und hebt in einer symbolischen Geste die Hand in die Höhe. Bald lernen die Kinder, daß diese Einsätze der Lehrerin einen besonderen Charakter haben und nicht wiederholt zu werden brauchen. Nur wenn die Lehrerin als Person der Geschichte etwas sagt und/oder etwas tut, dann werden die Kinder aufgefordert dies zu wiederholen, und zwar nicht nur, indem sie den von der Lehrerin ausgesprochenen Text nachsprechen, sondern ihn mit der vorgeführten Gestik und Mimik wiederholen.

Um das Hörverständnis zu üben und eine möglichst korrekte Aussprache des Textes zu gewährleisten, bestehen die Texteinsätze im 1. Schuljahr in der Regel aus einem bis drei Worten. In den weiteren Jahren werden längere Sätze aufgeteilt, ohne allerdings das Verständnis zu beeinträchtigen.

Im Laufe der vier Jahre werden die Kinder Geschichten *erleben*, die nicht nur unterschiedliche Inhalte bieten, sondern auch eine progressiv ansteigende Textkomplexität aufweisen. Trotzdem verbinden sie viele Gemeinsamkeiten:

1. Die Hauptpersonen aller Geschichten erleichtern eine Identifikation seitens der Schüler, denn es handelt sich um Mädchen oder Jungen in Alltagssituationen oder um Fantasiewesen wie der Außerirdische Saturnino oder um die gute Hexe Pasticciona oder aus der Kinderlitereratur bekannte Figuren wie Pinocchio.
2. Die Anzahl der handelnden Personen wird immer gering gehalten, um den Schüler nicht durch häufigen Wechsel der sprechenden und handelnden Figuren zu desorientieren.
3. Der Wechsel der Personen wird mit vielfältigen technischen Kniffen unterstützt: mit einem Schritt vor oder zurück wie in dem Dialog zwischen Gianni und der Lehrerin, oder zwischen der Hexe und Enzo, mit der eingenommen Körperhaltung wie z.B. in der Geschichte der zwei Ameisen „Ciccina und Magrina“, mit lautmalerischen Einschüben wie in der Geschichte von Saturnino, der am Ende jeden Satzes „bip“ hinzufügt.
4. Die von den Personen der Geschichten verwendete Sprache orientiert sich an der altersgemäßen italienischen Kindersprache. Die Geschichten erlauben eine spiralförmige Wiederverwendung des Wortschatzes und der Strukturen.
5. Eingebaut in die Geschichten sind manchmal musikalische und poetische Einlagen, wie ein kurzes Kehrreimgedicht in der Ameisengeschichte „il girotondo“ von Pinocchio und Pulcinella oder der befreiende Gesang der Hexe mit dem ehemaligen Hit „Volare“.
6. Die Handlung wird außerdem unterstützt durch begleitende Geräusche (das Fließen des Wassers am Wasserhahn in der „Gemüsesuppe“-Geschichte) und durch Bewegungen, die komplizierte Sachverhalte vermitteln: um die Freude von Pinocchio zum Ausdruck zu bringen, über seine Verwandlung von einer Holzpuppe zum Kind, und um gleichzeitig die Schüler über den früheren und jetzigen Zustand des Pinocchio zu unterrichten, werden Sprünge nach rechts (das frühere Leben von Pinnocchio) und nach links (das neue Leben von Pinnocchio als Kind) durchgeführt, begleitet mit kurzen Aussagen.
7. Alle Geschichten folgen einer verhältnismäßig einfachen erzählerischen Struktur, die zu einem überraschenden/erwarteten/lustigen Höhepunkt führt.

So wird in „Sag es mit Blumen!" die schimpfende Lehrerin mit einem Blumenstrauß besänftigt; in „Die Katzen des Kolosseums“ findet das verlorengegangene Kätzchen sein Herrchen wieder; die Großmutter aus Sizilien der Geschichte „Die Überraschung“ trifft überraschend am Wolfsburger Bahnhof ein und bringt ein Ferrarimodell und eine sizilianische Puppe mit usw.

In einem Zeitraum von ca. 6 - 8 Wochen wird eine Geschichte sehr oft wiederholt, aber nie zweimal am selben Tag. Die begrenzte Dauer der Geschichten (5/10 Minuten im ersten Jahr, 10/15 Minuten in den folgenden Jahren) läßt trotzdem Zeit für andere didaktische Aufarbeitungsmöglichkeiten. In den ersten Tagen des Einsatzes einer Geschichte mit überdurchschnittlicher Dauer wird der Lehrerin empfohlen, zunächst einen in sich abgeschlossenen Teil der Geschichte zu erzählen und erst später den zweiten und letzten Teil hinzuzufügen.

Das Lernen im Kreis fordert die aktive Beteiligung der Kinder. Deutschsprachige Kinder werden dadurch motiviert mitzumachen und können, außer auf das Beispiel der Lehrerin auch auf das der italienischsprachigen Kinder zurückgreifen. Kinder mit besseren Sprachkenntnissen stellen ihre Fähigkeiten der gesamten Gruppe zur Verfügung (ein seltenes Erlebnis für ausländische Kinder in deutschsprachigen Klassen!). Während schüchterne Kinder in der Gruppe Schutz und Unterstützung erfahren - da sie nicht alleine handeln müssen - können Kinder mit Hörverständnisschwierigkeiten durch die Wiederholungen sich die Zeit nehmen, die sie benötigen.

Man könnte annehmen, daß die Geschichten schnell ihren Reiz verlieren oder daß deutschsprachige Schüler anfangs vom unbekannten Text entmutigt werden. Die bisherige Erfahrung zeigt allerdings, daß die Aufmerksamkeit der Schüler im allgemeinen während der Wochen , in denen die Geschichte gespielt wird, auf einem hohen Niveau bleibt. Richtig ist, daß sich die Motivation der Kinder im Laufe der Zeit ändert: zunächst überwiegt die Neugier an der Handlung, die man so schnell wie möglich verstehen möchte; hinzu kommt das, allerdings zeitversetzte, Bewußtsein der Schüler, richtig verstanden/gehandelt/gesprochen zu haben und die Freude, mitmachen zu können. Noch nach mehreren Wochen wird die Geschichte gerne gespielt.

Es ist natürlich wünschenswert, zu einem späteren Zeitpunkt die Geschichten teilweise zu verändern. So können z.B. plötzlich in der Geschichte neue Personen auftauchen, oder die Geschichte kann zu einem anderen Ende führen, Textergänzungen können hinzukommen oder Mimik und Gestik variieren. Die Rolle des Erzählers und des Vorsprechers kann einem/r Schüler/in übertragen werden; überhaupt können von den Kindern selbst Änderungen und Ergänzungen eingebracht werden, und die Geschichte kann von einer kleinen Schülergruppe wie in einem Theaterspiel aufgeführt werden.

Die gespielten Geschichten stehen im Mittelpunkt der didaktischen Arbeit, werden aber von anderen Materialien und Anregungen begleitet, die das Ziel haben, die Sprachkenntnisse zu festigen und sie in einem anderen Kontext anzuwenden. Obwohl Sprechen und Hörverständnis eine überwiegende Rolle spielen, wird ab dem 2. Schuljahr ein Umgang mit der Schriftsprache gepflegt. Die vier Fähigkeiten können nicht von allen Schülern im gleichen Maße und in derselben Zeit ausgebaut werden, auch weil die Anfangsvoraussetzungen zu unterschiedlich sind. Es ist allerdings wichtig, daß die Materialien sowohl für das Hör- und Leseverständnis als auch das Sprechen und Schreiben fördern, auch mittels differenzierter Aufgabenstellungen.

Zu diesem Zweck wurde eine Materialsammlung angelegt mit dem Ziel, den jetzigen und zukünftigen Lehrkräften eine große Materialauswahl an die Hand zu geben. Diese Materialien, die teilweise für alle Schüler und teilweise für die innere Differenzierung konzipiert sind, werden in der Schule aufbewahrt und sind auch in einem vom Verein „Scuola e Cultura“ aus Köln der Schule zur Verfügung gestellten Computer gespeichert. Sie können so jederzeit verändert, gedruckt und vervielfältigt werden.

Zusätzlich zu den oben erwähnten Skripts, die den Lehrkräften auch Hinweise über selten notwendige Requisiten geben, steht ein Set anderer Materialien für jede Geschichte zur Verfügung. Es handelt sich zunächst um grafische Darstellungen der jeweiligen Geschichte: das *kleine Theater* besteht aus einer Theaterkulisse in DIN A3-Format und aus einer ausschneidbaren Vorlage mit den Personen und Gegenständen der Geschichte, die von den Kindern über die Bühne bewegt werden und eine Nacherzählung gestatten; die *unvollständige Zeichnung* lädt dazu ein, beliebig eine Szene der Geschichte zu zeichnen und zu malen.

Auch eine *Bildgeschichte* auf Folie und Papier steht der Lerngruppe zur Verfügung. Anders als im ersten Schuljahr werden in den nachfolgenden Jahren die einzelnen Bilder der Bildgeschichte von den Schülern selbst gezeichnet, nachdem die wichtigsten Momente der Geschichte identifiziert und versprachlicht worden sind. Die ausdrucksvollsten Zeichnungen werden mit einem Scanner zu einer Bildgeschichte mit Text verarbeitet.

Um den Wortschatz zu festigen und zu erweitern, werden *flash-cards* in verschiedenen Formen den Kindern zur Verfügung gestellt. Eine Sammlung von *Liedern*, *Singspielen*, *Abzählreimen* und *Gedichten* - wenn möglich mit Unterstützung von musikalischen oder grafischen Vorlagen - gestattet einen musischen Umgang mit sprachlichen und kulturellen Inhalten der Geschichten, wenn auch unter einer anderen Perspektive. Für die ersten Geschichten gibt es ein *Lied zur Geschichte*, das eine Wiedergabe der Handlung in Singform erlaubt. Dafür wurden die Melodien einiger bekannter deutscher Kinderlieder („Spannenlanger

Hansel - nudeldicke Deern", „Der Elefant" usw.) mit einem italienischen Text versehen.

Ab Klasse 2 wird der Text in einem *Leseheft* angeboten. Eine Zeichnung unter dem Titel der Geschichte bietet einen ersten Zugang zum Text, dessen Lektüre erleichtert wird durch neben dem Text vorhandene kleine grafische Symbole, die auf die sprechende Person hinweisen. Der in Dialogform gehaltene Text (der im wesentlichen der zuvor gespielten Geschichte gleicht) wird von den kurzen Hinweisen des Erzählers auf Zeit- und Ortveränderungen oder auf andere Umstände begleitet.

Der spielerische Umgang mit der Sprache ist auf vielfältige Weise gegeben. Außer vielen *Gruppenspielen* gibt es für jedes Thema ein *Spiel der Geschichte*, welches die Inhalte der Erzählung aufgreift, für zwei oder drei Spieler geeignet ist und auch zu Hause mit Eltern, Geschwistern oder Freunden gespielt werden kann. Um den Kindern die Möglichkeit zu geben, das Hörverständnis zu schärfen und die inzwischen bereits erlebte Geschichte zu wiederholen, ist auch mit Muttersprachlern eine *Hörspielversion* erstellt worden.

Arbeitsblätter mit vielfältigen Übungen, darunter Zuordnung von Texten und Bildern, Kreuzworträtseln, Cloze-Texte ergänzen die vorhandenen Materialien und erlauben auch eine teilweise differenzierte Übungsphase für die Muttersprachler. Den Lehrkräften steht außerdem eine *Sammlung von Ratschlägen* zur Verwendung der Materialien bzw. zur Realisierung von Spielen und Übungen zur Verfügung.

Lernkontrollen sind in schriftlicher Form ab dem zweiten Schuljahr vorgesehen: dafür werden zur Zeit besondere *Testbögen* entwickelt. Eine größere Bedeutung für die Bewertung der Schülerleistungen wird allerdings der Beobachtung im Unterricht beigemessen.

Literatur

Artigal J.M. (Hrsg.): Com fer descobrir una nova llengua, Eumo Editorial, Barcelona, 1984.

Täschner T: Una proposta per l'insegnamento della lingua straniera nella scuola elementare, Rapporto Tecnico n. 289, Istituto di Psicologia del Consiglio Nazionale delle Ricerche, Roma, 1986.

Täschner T.: Insegnare la lingua straniera, Il Mulino, Bologna, 1986.

Täschner T.: Insegnare la lingua straniera con il format, Edizioni Anicia, Roma, 1993.

Täschner T./Holzbauer Polestra F. u.a.: Tedesco nelle prime classi elementari, Rapporto tecnico n. 1, Assessorato alla cultura e lingua italiana della

Provincia Autonoma di Bolzano, Bolzano 1990.
Riccò A./Sandfuchs U.: Scuola italo-tedesca per l'Europa. In: Grundschule 12/1993, S. 29-30.
Sandfuchs U.: Europäische Identität und Umgestaltung der Schule. Anregungen für ein multikulturelles Schulmodell in Wolfsburg. In: Europäische Begegnungstage der Sprachen und Kulturen. Hrsg.: Istituto Italiano di Cultura in Wolfsburg und Ausländerreferat der Stadt Wolfsburg, Wolfsburg, 1992.
Sandfuchs U.: Bilinguale Erziehung in der Grundschule. In: Wissenschaftliche Zeitschrift der Technischen Universität Dresden, Heft 45/2, Dresden, 1996, S. 17-22.

ANLAGE 1: Themen und Geschichten der vier Grundschuljahre.

Kl.	und Themen	Geschichten	Zusammenfassung
1.1.	Erste Wochen	———	Die Anfangseinheiten sind auf das Kennenlernen der schulischen Umgebung ausgerichtet.
1.2.	Der Schulweg	Sag es mit Blumen	Ein Kind kommt zu spät zur Schule, aber findet eine Möglichkeit sich zu entschuldigen.
1.3.	Helfen	Die Gemüsesuppe von Giovanna	Ein Mädchen kocht mit der Mutter eine Gemüsesuppe, fügt aber zu wenig Salz zu.
1.4.	Feiern und spielen	Der Geburtsstag von Elena	Ein Mädchen feiert mit Freunden seinen Geburtsstag. Jeder bringt ihr ein Geschenk mit.
1.5.	Tiere	Der Kanarienvogel fliegt weg	Ein Kind läuft hinter seinem Kanarienvogel her, der aus dem Käfig entflogen ist.
2.1.	Einkaufen	Im Supermarkt	Ein Kind verliert beim Einkaufen im Supermarkt seine Geldbörse.
2.2.	Was macht man in der Schule	Komm in die Schule, Pulcinella	Pinocchio, der ein fleißiger Schüler geworden ist, überzeugt Pulcinella, zur Schule zu gehen.
2.3.	Essen und trinken	Die Ameisen nehmen einen Imbiß	Zwei hungrige und durstige Ameisen besuchen den Garten der Familie Schweinchen.
2.4.	Krankheit und Heilung	Die Hexenmedizin	Ein gute Hexe hilft einem kranken Kind, schnell gesund zu werden.
3.1.	Familie	Rino, das sprechende Känguruh	Ein Kind träumt, in Australien zu sein und eine Känguruhfamilie kennenzulernen.
3.2.	Bekleidung	Zieh dich an, Pierino, zieh dich an!	Ein verschlafenes Kind zieht sich an und geht in die Schule, macht aber einen schlimmen Fehler...
3.3.	Wohnen	Saturnino, der Weltraumpilot	Ein Außerirdischer kommt auf die Erde, um die Wohnungen von Tieren/Menschen zu studieren.
3.4.	Weit wohnende Verwandte	Die Überraschung	Ein deutsch-italienisches Kind bekommt unerwarteten Besuch aus Sizilien.
3.5.	Theater in der Schule	———	Pulcinella, Arlecchino und weiteren Masken der Commedia dell'Arte.
4.1.	Tourismus und Ferien	Die Katzen des Kolosseums	Ein deutsch-italienisches Kind besucht Rom, verliert aber sein Kätzchen im Kolosseum.
4.2.	Fernsehen und Werbung	Die verrückte Fernbedienung	Ein Fernseher funktioniert nicht mehr. Er empfängt Aufforderungen zur Kaufverweigerung.
4.3.	Märchen und Cartoons	Schau mal, wer da ist...	Auf der Jahresmesse der Märchen treffen sich deutsche und italienische Märchengestalten.
4.4.	Italien und seine Regionen	Seid ihr bereit? Dann können wir starten!	An Bord einer Zeit- und Raummaschine beginnt eine außergewöhnliche Reise durch Italien.

ANLAGE 2: **Auszug aus einer der Geschichten**

LE FORMICHE FANNO MERENDA
(Die Zwischenmahlzeit der Ameisen)

Regieanweisung

2. Klasse - Thema 2.3 - Essen und Trinken

Zusammenfassung

Magrina und Ciccina, zwei unternehmungslustige Ameisen, wollen einen Ausflug machen, dort wo die Familie Maialetti (Schweinchen) sonntags wie gewöhnlich Pick Nick abhält. Bei ihrer Ankunft stellen sie fest, daß es überall schmutzig ist: Abfälle, leere Flaschen, Papierbecher liegen herum... Ungefährlich ist es dort zu weilen auch nicht, aber Ciccina und Magrina schaffen es trotzdem, sich satt zu essen.

PERSONEN DER HANDLUNG

Erzähler 

Magrina und Ciccina

RAUM

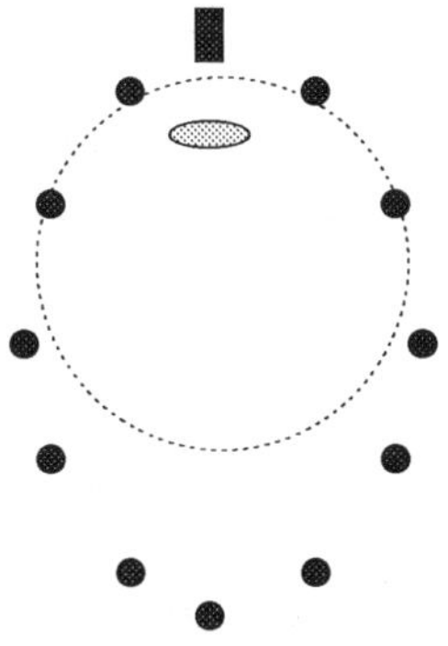

MATERIAL

Es werden keine Materialien benötigt.

Personen	Handlung	Text
Erzähler	Er hebt wie es üblich ist die Hände und wartet auf die notwendige Aufmerksamkeit.	
		Noi siamo in un prato, tra fiori profumati.
Magrina	Sie hält die Hände so über dem Kopf, als ob sie ein schweres, breites Paket tragen müßte. Sie geht langsam und schwankend, zeigt, daß es ihr schwer fällt. Sie stöhnt.	
		- Che fatica... - Come pesa...
	Immer noch unter Anstrengung versucht sie, die Last auf dem Kopf abzuladen, aber sie schwankt hin und zurück. Die Last (eine Brotkrume) fällt schwer zu Boden, auf die Laufstraße der Ameise.	- Ora mi fermo un po'.
		Bum!
	Sie wischt sich mit dem Unterarm den Schweiß von der Stirn und atmet tief durch. Sie stützt sich mit einem Arm auf die Brotkrume. Mit der anderen Hand reißt sie ein Stückchen Brot ab	
		Crac!
	und fängt an zu essen.	
		Gnam, gnam, gnam...
		- Buono - Molto buono, questo pane.
	Alle treten aus dem Kreis heraus, um einen Personenwechsel anzuzeigen. Die Laufrichtung wird umgedreht.	
Ciccina		
	Sie hüpft singend, wobei sie am Ende jedes Verses rhythmisch in die Hände klatscht und dabei ungefähr Dreiviertel des Kreises durchläuft.	
		- Se una formica - cerca un'amica - non ha fortuna - senza la luna
		- Ma con la luna - c'è la fortuna - e la formica
	Da sieht sie plötzlich Magrina.	- trova un'amica
	Alle machen einen Schritt nach vorn und nehmen die Position von Magrina ein, die noch immer angelehnt an die Brotkrume steht.	- Ehi! Ciao Magrina.

Elke Ehrlich

Anmerkungen zur Praxis des Unterrichts Begegnungssprache in Sachsen

Dieser Beitrag faßt die Erfahrungsberichte von Kolleginnen und Kollegen zusammen, deren Tätigkeit auf ganz unterschiedliche Art und Weise mit diesem Fach verknüpft ist.

Mosaikartig sollen hier die vorgetragenen und diskutierten Schwerpunkte verdeutlicht werden, die im wesentlichen drei Kernprobleme tangieren: das Engagement der Lehrkräfte, Fragen der Fort- und Weiterbildung und die Wahl der (konkreten) Begegnungssprache vor Ort.

1. Lehrer/-innen - wie sehen sie das Fach?

"Begegnungssprache" wird von ihnen aufgenommen als Fach,
- in dem sie mit besonderer Begeisterung arbeiten,
- mit dem sie ihre Schüler und Kollegen "anstecken",
- das sie als Beschnuppern, Ertasten und Erleben einer fremden Sprache empfinden,
- das ihnen durch darstellendes Spiel, lustbetontes Lehren und Lernen mit Mimik und Gestik viel Freude bereitet,
- das viel Kreativität für Schüler und Lehrer ermöglicht.

Trotz mancher Schwierigkeiten hinsichtlich der Unterrichtsorganisation und der persönlichen Anstrengungen bei der Weiterbildung schätzen die Kolleginnen und Kollegen das Fach Begegnungssprache durchaus positiv ein. Es stellt eine Herausforderung im Rahmen ihres Aufgabenspektrums dar. Dabei wird deutlich, daß der neue Lernbereich im Grundschulkanon auf andere Lernbereiche und das Schulleben ausstrahlt.

2. Fortbildung - schon wieder?

Die vom Sächsischen Staatsministerium für Kultus angebotene berufsbegleitende Weiterbildung, die aus den Komponenten Sprachkurs, Didaktik-Methodik-Kurs und Lehrprobe besteht, wird von den Lehrern als Grundlage für den Unterricht im Fach Begegnungssprache angesehen. Damit ist vielerorts jedoch kein "Endstadium" erreicht. In der eigenen Grundschule oft als einzige(r) das Fach

Unterrichtende(r) drängt es Kolleginnen und Kollegen zum Erfahrungs- und Gedankenaustausch.

Ein gutes Podium dafür sind zentrale und regionale Fortbildungsveranstaltungen. Während sich die zentrale Fortbildung der Qualifizierung von Fortbildnern für die einzelnen Regionen widmet, besteht die Aufgabe der regionalen Fortbildung vorrangig in der fachlichen und methodischen Beratung und Betreuung der unterrichtenden Kolleginnen und Kollegen vor Ort.

Schwerpunkte bilden dabei Diskussionen zu fachlichen Neuorientierungen, spezielle Themen der Sprachpraxis und Fremdsprachendidaktik, eine Vielzahl didaktisch-methodischer Anregungen, Hospitationsbesuche an Grundschulen im Land der jeweiligen Begegnungssprache.

3. Englisch - welche Sprache sonst?

Beim Duschen wird morgens das Shampoo benutzt, anschließend essen die cleveren Kids ihre Cornflakes, in der Schulpause nehmen sie Sprite und Milky Way zu sich und am Nachmittag geht's mit dem Skateboard zum Shopping in den Supermarkt.

Die monolithische Dominanz des Englischen macht auch vor sächsischen Grundschulen nicht Halt. Die Ursachen dafür sind vielfältig.

Einerseits ist es die Sorge der Eltern, daß ihre Kinder beim Eintritt in weiterführende Bildungseinrichtungen, bei denen Englisch als 1. Fremdsprache ab Klasse 5 vorherrscht, benachteiligt sein könnten. In diesem Zusammenhang gilt es auch, die Erwartungen der Eltern an das Sprachkönnen der Kinder beim Abschluß der Grundschule, d. h. nach jeweils einer Wochenstunde in Klasse 3 und 4, zu dämmen.

Andererseits mangelt es an Grundschulschullehrern, die in einer anderen Fremdsprache ausgebildet sind. Hinzu kommt mancherorts, daß es auch bequemer scheint, wenn halt alle das "Gleiche" tun (d. h. Begegnungssprache Englisch lehren und lernen)...

Staunen ist der erste Schritt zur Anbetung - in diesem Sinne bemühen sich Nicht-Englisch-Begegnungssprachenlehrer das Interesse an "ihrer" Fremdsprache zu wecken und die Schüler zur ersten Begegnung mit ihr zu motivieren.

Dafür nutzen sie solche Möglichkeiten wie das Schaffen einer multikulturellen Atmosphäre im Klassenzimmer und das Ausgestalten des Schulhauses, die Teilnahme an Elternabenden der 1. und 2. Klasse zwecks Vorstellung des Konzeptes, Auftritte der Schüler mit fremdsprachigen Beiträgen bei schulischen Veranstaltungen.

Das Einbeziehen landeskundlicher Themen in den Unterricht der ersten beiden Schuljahre weckt die Neugier der Kinder auf das neue Fach und die jeweilige Begegnungssprache. Besuche von Kulturinstituten der Zielsprache oder anderer geeigneter Institutionen der Region, Buchlesungen oder Videoaufführungen tragen ebenfalls dazu bei, die Vorfreude zu stimulieren oder später auch wachzuhalten. Erfahrungsgemäß sind die besten "Werbeexperten" für Kinder - die Kinder selbst. Theater- und Puppenspielaufführungen der Arbeitsgruppe Frankreich (Klassen 3/4) einer Leipziger Grundschule unterstützen die Bemühungen der Pädagogen, keine "Nachwuchssorgen" für die Begegnungssprache Französisch aufkommen zu lassen.

In den Diskussionen wurde deutlich, daß bei allem Engagement des Einzelnen, seiner Begeisterung und Liebe für das Zielsprachenland ein wesentlicher Grundpfeiler der Teamgeist der Kolleginnen und Kollegen sowie das Verständnis und die Unterstützung der Schulleitung darstellen.

Eindrucksvolles berichteten Vertreter Pirnaer Grundschulen über Tschechisch als Begegnungssprache. Dennoch - die Konkurrenz zu Englisch verbunden mit der Sorge der Eltern wegen einer eventuellen Benachteiligung ab Klasse 5 bleibt. Vielerorts werden daher in den Grundschulen Arbeitsgemeinschaften Englisch angeboten. Überregional wurde ein Arbeitskreis Begegnungssprache Tschechisch gegründet, dessen Mitglieder sich einmal im Monat treffen, um gesammelte Erfahrungen und vielfältige Ideen zum Unterricht und zu außerunterrichtlichen Aktivitäten auszutauschen. Unterstützt werden diese Zusammenkünfte vom Staatlichen Schulamt Pirna und von einem tschechischen Kollegen, der selbst Begegnungssprache unterrichtet. Er kennt somit unmittelbar die Sorgen und Nöte der Kollegen bei der Beschaffung geeigneter Materialien für Grundschüler. Dem Austausch und Herstellen von Unterrichtsmitteln sieht sich auch die Pirnaer Lernwerkstatt verpflichtet. Sie wird von einer Lehrerin betreut und steht allen Interessierten zur Nutzung bereit. Lehrbücher und Zusatzmaterialien wurden vom benachbarten Deciner Schulamt dankenswerterweise zur Verfügung gestellt.

Die meisten der Grundschulen, die Begegnungssprache Tschechisch anbieten, pflegen Kontakte zu einer Partnerschule in Tschechien. Dank dafür gebührt den Schulämtern auf beiden Seiten der Grenze. Zahlreiche Besuche von Lehrern und Schülern, gegenseitige Hospitationen, gemeinsame Wandertage und Landheimaufenthalte, ein reger Briefwechsel in der Zeit "dazwischen" sind nicht nur für die Kinder eine starke Motivation, sondern auch für die Eltern.

Ein Schlüssel zum Tor der Welt sind fremde Sprachen. Dieser Herausforderung stellen sich die Grundschulen Sachsens.

Birgit Gütersloh/Uwe Sandfuchs

Bericht über die Diskussionsschwerpunkte der Tagung

Im Mittelpunkt der Diskussion standen vier Problemfelder:

1. die Sprachenwahl,
2. die notwendige Konsequenzen des Fremdsprachenlernens in der Grundschule für den Fremdsprachenunterricht auf den weiterführenden Schulen,
3. die Konzeption des fremdsprachlichen Lernens in der Grundschule und
4. die Lehrerausbildung, die Lehrerfortbildung und Lehrerweiterbildung.

Zu 1. Sprachenwahl:
Ausgangspunkt der Diskussion war die Bevorzugung des Faches Englisch durch die Eltern in Sachsen, die zu 96 Prozent Englisch als Begegnungssprache für ihre Kinder wünschen, erst dann folgen Tschechisch und Französisch. Noch zu wenig wird akzeptiert, daß frühes, teils spielerisches Fremdsprachenlernens auch andere Ziele als die Ausbildung sprachlicher Fähigkeiten und Fertigkeiten verfolgt. Die Eltern sehen das Fach Begegnungssprache nicht als prinzipiellen Zugang zu einer fremden Sprache und Kultur und damit als Mittel einer interkulturellen Erziehung, sondern als unmittelbare Vorbereitung auf den Fremdsprachenunterricht in der Sekundarstufe I. Es gelingt noch nicht hinreichend, den Eltern das konzeptionelle Anliegen des neuen Faches zu vermitteln und eine größere Aufgeschlossenheit für eine andere Sprachenwahl zu bewirken.

Zu 2. Notwendige Konsequenzen des Fremdsprachenlernens in der Grundschule für den Fremdsprachenunterricht auf den weiterführenden Schulen ab Klasse 5:
Die Dominanz der englischen Sprache in der Grundschule wird ergänzt durch ihre Dominanz in der Sekundarstufe I. An den Mittelschulen und Gymnasien des Landes wird ebenfalls vorwiegend Englisch als erste Fremdsprache angeboten. Ein breiteres Angebot in den weiterführenden Schulen könnte eine größere Breite in der Grundschule nach sich ziehen. Das belegen die in Pirna gemachten Erfahrungen zur breiteren Vermittlung der in unmittelbarer Grenznachbarschaft gesprochenen tschechischen Sprache. Damit stellt sich die Frage nach dem Zusammenhang von fremdsprachlichem Lernen in der Schullaufbahn insgesamt, d.h., wie in der Grundschule begonnene fremdsprachliche Lernprozesse in der Sekundarstufe I nahtlos fortgesetzt werden können. Das erfordert Absprachen und Abstimmungen zwischen Grundschullehrerinnen einerseits und den Lehrkräften der Mittelschulen und Gymnasien andererseits.

Zu 3. Konzeptionen des Fremdsprachenlernens in der Grundschule:
Wiederholt wurde vorgebracht, daß es nötig ist, sich prinzipiell darüber zu verständigen, welche Ziele mit dem Fach Begegnungssprache angestrebt werden sollen. Wenn es grundsätzlich Vorbereitung auf den späteren Fremdsprachenunterricht sein sollte, würde dies die Elternwahl für Englisch gegen 100 Prozent drücken. Entscheidet man sich aber dafür, eher grundsätzlicher Denk- und Sprachfähigkeiten herauszubilden, die Bereitschaft der Kinder zu Beschäftigung und Auseinandersetzung mit Ungewohntem, Fremdem und Anderem anzuregen, so erscheint die Frage der Sprachenwahl zweitrangig. Es wurde allerdings bezweifelt, ob es denn sinnvoll sei, den Inhalt eines Faches, in diesem Fall einer Fremdsprache, gleichsam zum Mittel oder Medium anderer Zielsetzungen zu machen.

Der sächsische Lehrplan Begegnungssprache beruht auf der Verknüpfung von zwei grundsätzlichen Tendenzen des Vertrautmachens von Grundschulkindern mit fremder Sprache und fremden Ländern. Er verknüpft das Konzept der Begegnungssprache mit dem der systematischen Beschäftigung mit fremder Sprache. Das Fach beinhaltet sowohl Sprachfertigkeitsziele als auch Aspekte der interkulturellen Erziehung. Als grundsätzliche Zielstellung des Faches wird die Motivierung zum Fremdsprachenlernen und zu interkulturellen Fragestellungen betont. Ein Minimum an kommunikativer Sprachkompetenz wird angezielt sowie eine aufgeschlossene Haltung gegenüber fremden Menschen und anderen Ländern. Dabei sollen die Kinder vor allem Freude beim Lernen der Sprache haben und sich in spielerischen, musischen und künstlerischen Formen mit der Sprache vertraut machen. Die Leistungen in dem Fach Begegnungssprache werden daher auch nicht benotet. Noch nicht beantwortet ist die Frage nach dem Zusammenhang zwischen interkultureller Einstellung und dem notwendigen Fortschritt in den sprachlichen Fähigkeiten und Fertigkeiten. Zusammenfassend wurden drei Schwerpunkte der Arbeit in den nächsten Jahren formuliert:
1. die Präzisierung der sprachlichen Ziele in der Grundschule, Überarbeitung des Lehrplanes im Rahmen der Lehrplanevaluation,
2. die Weiterführung der Kooperation zwischen den Lehrern der Primarstufe und der Sekundarstufe,
3. Hilfestellung durch didaktisch-methodische Handreichungen.

Zu 4. Lehrerausbildung, Lehrerfortbildung und Lehrerweiterbildung:
Die Teilnehmer waren sich darin einig, daß die Einführung des Faches Begegnungssprache in den Klassen 3 und 4 flächendeckend seit dem Schuljahr 1992/93 ein außerordentlich mutiger Schritt war. Denn trotz aller Anstrengungen, die im Dienst befindlichen Grundschullehrerinnen fremdsprachlich zu qualifizieren, bleibt noch viel zu tun. Zur Erreichung der angestrebten Ziele langt die fremdsprachliche Kompetenz der Lehrerschaft bisher weder quantitativ noch

qualitativ aus. Die Vertreter der universitären Lehrerausbildung betonten, daß die Qualifizierung an Volkshochschulen und ähnlichen Einrichtungen nur als Übergangslösung gelten könne. Eine volle Nachqualifikation ihm Rahmen des Erwerbs einer zusätzlichen Lehrbefähigung im Fach Begegnungssprache müsse für bereits im Beruf stehende Lehrkräfte möglich sein. Auch müsse an den sächsischen Universitäten die Möglichkeit zu einem grundständigen Studium der modernen Fremdsprachen für Grundschullehrer geboten sein. Die Tatsache, daß durch den gegenwärtig starken Geburtenrückgang in den neuen Bundesländern die Zahl der möglichen Einstellungen von Grundschullehrern nur gering sei, dürfe daran nichts ändern. Neben einem Einstellungskorridor für solche Mangelfächer müsse eine langfristige Lehrerbedarfsplanung betrieben werden. Hier müsse auch aus den gravierenden Fehlern, die in diesen Fragen in den alten Bundesländern gemacht worden seien, gelernt werden.

Anhang

Überlegungen zu einem Grundkonzept für den Fremdsprachenunterricht

(Beschluß der Kultusministerkonferenz vom 07.10.1994)

Die europäische Gesellschaft ist vielsprachig und wird dies auch in Zukunft sein. Der Fremdsprachenunterricht an den Schulen in Deutschland steht vor der Aufgabe, die Schüler und Schülerinnen auf diese Wirklichkeit vorzubereiten.

Die Kultusministerkonferenz hat in den letzten Jahren wiederholt ihre Absicht erklärt, die Möglichkeiten der Verwirklichung dieser Aufgabe in grundsätzlicher Weise zu erörtern. Die folgenden „Überlegungen zu einem Grundkonzept für den Fremdsprachenunterricht" sowie das beigefügte Gutachten „Zum Fremdsprachenunterricht in der Bundesrepublik Deutschland - Gegebenheiten und Vorschläge zur Weiterentwicklung", mit dem sie in engem Zusammenhang stehen, werden in der Absicht vorgelegt, diese Erörterung nunmehr aufzunehmen.

Bei den Überlegungen werden diejenigen zentralen Probleme angesprochen, über die länderübergreifend eine Meinungsbildung und Abstimmung wichtig ist. Das angestrebte Grundkonzept soll durch die gesonderte Bearbeitung von Prüfaufträgen schrittweise vorbereitet werden.

A

Die gegenwärtige Situation ist durch folgende Merkmale und Problemfragen gekennzeichnet:

1. Das Erlernen von Fremdsprachen ist in Schule und Berufsausbildung ein wesentlicher Bestandteil des Bildungsgangs des einzelnen geworden. Das Lernziel der Zukunft ist dabei auf Mehrsprachigkeit gerichtet. Grundsätzlich sollen möglichst viele Schüler zwei Fremdsprachen lernen, und für höherwertige Abschlüsse sollten die Anreize und Möglichkeiten verstärkt werden, drei und gegebenenfalls noch mehr Fremdsprachen zu lernen.

   Die Problemfrage lautet: In welcher Weise kann durch optimale Nutzung der Lerndauer, durch Weiterentwicklung der Organisationsstruktur sowie durch Präzisierung der Inhalte und Ziele des Fremdsprachenunterrichts aller Schularten erreicht werden, daß möglichst viele Schüler und Schülerinnen mehr Fremdsprachen erlernen.

2. Die von der Kultusministerkonferenz verschiedentlich geforderte Intensivierung des Fremdsprachenlernens ist in den letzten Jahren u.a. durch wachsende Einbeziehung von Fremdsprachen in den Unterricht der Grundschule gefördert worden. Dies kommt auch in der „Empfehlung zur Arbeit in der Grundschule“ (Beschluß der KMK vom 02.07.1970 i.d.F. vom 06.05.1994) zum Ausdruck. Dabei steht dem Konzept einer Begegnung mit Fremdsprachen im Sinne der Öffnung für das Fremdsprachenlernen ein Konzept zur Vorverlegung des nach dem „Hamburger Abkommen“ in der 5. Jahrgangsstufe beginnenden Fremdsprachenunterrichts gegenüber.

   Die Problemfrage lautet: Welchen Stellenwert und inhaltlichen Zuschnitt soll die Fremdsprachenvermittlung in der Grundschule zukünftig haben? Wie kann das Fremdsprachenlernen in der Grundschule mit dem Fremdsprachenlernen in den Schularten des Sekundarbereichs I sinnvoll verbunden werden?
3. Zu den Förderinitiativen gehört der bilinguale Unterricht mit Teilen des Fachunterrichts in der Fremdsprache. Er wird bisher mit Erfolg an allgemeinbildenden Schulen des Sekundarbereichs, allerdings in einer begrenzten Zahl von Fremdsprachen und Sachfächer angeboten.

   Die Problemfrage lautet: In welchem Ausmaß läßt sich eine Ausweitung des bilingualen Unterrichts insgesamt verwirklichen und durch welche Maßnahmen kann eine Erweiterung der Sprachen und der Sachfächer für dieses Angebot erreicht und unterstützt werden?
4. Durch das wirtschaftliche Zusammenwachsen in Europa, vor allem in Zuge der Vollendung des europäischen Binnenmarkts werden in immer mehr Berufsfeldern allgemein- und fachsprachliche Kenntnisse in Fremdsprachen wichtig. Daraus ergibt sich die Notwendigkeit der generellen fremdsprachlichen Förderung der Schüler und Schülerinnen im berufsbildenden Bereich.

   Die Problemfrage lautet: Wie kann der Fremdsprachenunterricht im berufsbildenden Bereich und hier besonders in der dualen Berufsausbildung einen festen und gesicherten Platz erhalten?
5. Ein lebendiges Verhältnis zur Sprache und Kultur des Herkunftslandes spielt für Schüler und Schülerinnen nicht-deutscher Muttersprache eine wichtige Rolle. Mit dem wachsenden Anteil dieser Schüler in deutschen Schulen wächst der Bedarf an entsprechenden Sprachlernangeboten. Umgekehrt bietet sich auch deutschen Schülern damit möglicherweise die Chance, eine Fremdsprache außerhalb des traditionellen Sprachenkanons zu lernen.

   Die Problemfrage lautet: Welche Vorkehrungen sind nötig, um Herkunftssprachen von ausländischen Schülern und Schülerinnen in einem bezogen auf die Nachfrage angemessenen Umfang in das Angebot der Schulfremdsprachen für deutsche Schüler einzubeziehen?
6. Der Fremdsprachenunterricht wird zunehmend durch neue Anforderungen bestimmt. Wichtige Stichworte sind die Anwendbarkeit von Kenntnissen,

interkulturelle Kompetenz im Sinne der Fähigkeit, die Sicht des Partners in der Fremdsprache zu verstehen und zu achten, Lernkompetenz für Fremdsprachen überhaupt im Sinne eines lebenslangen Lernens. Die Anforderungen zielen auch auf eine Präzisierung der Ziele und eine zweckmäßige inhaltliche Strukturierung und Stufung der Sprachlehrgänge.

Die Problemfrage für diesen Zusammenhang lautet: Welche Inhalte, welche didaktischen Entscheidungen und welche methodischen Verfahren des Unterrichts sowie des Beurteilens und Bewertens dienen einem zukunftsorientierten Fremdsprachenunterricht am besten?

7. Die Förderung des Fremdsprachenunterrichts setzt entsprechend vorgebildete Lehrkräfte voraus. Ein Studienaufenthalt in den Ländern der Zielsprache sollte selbstverständlich sein und als Teil der Erstausbildung im Studium eventuell sogar obligatorisch werden. Der Fremdsprachenlehrer solle auch so ausgebildet werden, daß er, zum Beispiel im Rahmen von Austauschprogrammen, Aufgaben als Lehrkraft für Deutsch als Fremdsprache zu übernehmen in der Lage ist.

   Die Problemfrage lautet: Wie kann diesen Anforderungen an den zukünftigen Fremdsprachenlehrer entsprochen werden? Welche Rolle kommt dabei der Fort- und Weiterbildung zu?

8. Schüler und Eltern sind sich häufig nicht der Notwendigkeit qualifizierter und breiterer Fremdsprachenkenntnisse im Sinne einer Mehrsprachigkeit in Europa bewußt. Es sollen daher Möglichkeiten zur verstärkten Information über den Fremdsprachenunterricht und Motivation zum Fremdsprachenlernen entwickelt werden.

   Die Problemfrage lautet: Wie können Eltern und Schüler angeregt werden, die Angebote zum Fremdsprachenlernen und -anwenden vermehrt anzunehmen?

B

Zur Klärung dieser Problemfragen unter dem Aspekt von länderübergreifend einvernehmlichen Lösungen sind spezielle Prüfarbeiten notwendig.

(1) Die Kultusministerkonferenz empfiehlt den Ländern hierfür:
   - ein gestuftes Lehrgangskonzept für den Fremdsprachenunterricht unter dem Zielaspekt von Modellversuchen zu prüfen,
   - Möglichkeiten für eine rezeptive Mehrsprachigkeit als alternatives Leitziel für das Erlernen einer zweiten und/oder dritten Fremdsprache auf seine Realisierbarkeit hin zu untersuchen,

– Die bestehenden inhaltlichen Konzepte des Fremdsprachenunterrichts unter dem Gesichtspunkt einer Verstärkung des Anwendungsbezuges und der Betonung interkultureller Bildungsinhalte nach Schularten und Jahrgangsstufen differenziert zu überprüfen.

(2) Die Kultusministerkonferenz beauftragt den Schulausschuß parallel dazu:

– die in den Ländern vorliegenden Konzepte zum Fremdsprachenunterricht in der Grundschule und die bisher damit gesammelten Erfahrungen auszuwerten,
– die in den Ländern mit einem vorgezogenen Beginn der 2. und 3. Fremdsprache gesammelten Erfahrungen auszuwerten und die Frage eines übertragbaren Konzepts zu prüfen,
– die in den Ländern vorliegenden Konzepte für den bilingualen Unterricht und die bisher damit gesammelten Erfahrungen auszuwerten und Vorschläge für eine Weiterentwicklung zu erarbeiten,
– Empfehlungen für die Sicherung einer fremdsprachlichen Kompetenz in den verschiedenen Berufsfeldern im Rahmen der dualen Berufsausbildung zu erarbeiten,
– zu der Frage Stellung zu nehmen, welche Auswirkungen die Entwicklung standardisierter Fremdsprachenabschlüsse außerhalb des Schulbereichs auf den schulischen Fremdsprachenunterricht und die dabei angestrebten Abschlüsse haben kann,
– Möglichkeiten zur Verbesserung der fremdsprachlichen Ausbildung der Lehrer (Fremdsprachenlehrer, Lehrer in Sachfächern für bilingualen Unterricht) zu prüfen.

Frühes Fremdsprachenlernen in Europa
Bericht von Peter Doyé

Der Fremdsprachenunterricht in der Grundschule ist seit Anfang der neunziger Jahre zu einem europaweit diskutierten Thema geworden. Der Europarat hat ihm gleich fünf seiner New Style Workshops gewidmet und damit zum Ausdruck gebracht, welche Bedeutung er dem frühen Fremdsprachenlernen beimißt.

Europa braucht für sein Zusammenwachsen Bürger, die zu internationaler und interkultureller Kooperation fähig sind. Die Vereinigung Europas kann nicht gelingen, wenn seine Bürger nicht bestimmte Voraussetzungen für einen solchen Schritt mitbringen. Sie müssen vor allem zur Kommunikation untereinander bereit und in der Lage sein, was die Erziehung in allen europäischen Ländern vor konkrete Aufgaben stellt. Bildungspolitiker sprechen schon von einer "erweiterten Grundqualifikation". Zu dieser Qualifikation beizutragen, hat der Europarat sich vorgenommen. "The Council of Europe has a permanent interest in improving the ability of Europeans to communicate with each other:

- to facilitate the freer movement of people and ideas;
- to intensify European co-operation;
- to improve access to information;
- to overcome prejudice and intolerance;
- to prepare populations for democratic European citizenship;
- to preserve and develop the European heritage of diversity in language and culture."

(Girard & Trim: Learning and Teaching Modern Languages for Communication. Strasbourg 1988, S. 86)

Auf der Grundlage dieser programmatischen Erklärung hat dann die Konferenz des Council for Cultural Co-operation von 1988 eine Reihe von Empfehlungen für eine Verstärkung des Fremdsprachenlernens und -lehrens ausgesprochen. Sie erstrecken sich auf die Sekundarstufe, die Erwachsenenbildung, die Lehrerausbildung und - erstmalig - auch auf die Grundschule.

"The Conference, having discussed specific proposals directly related to the contents and priorities for future work of the Council of Europe in the modern languages field, RECOMMENDS that assistance should be given to programmes for the introduction of foreign languages into primary education." (Council for Cultural Co-operation 1989, S. 18)

Eine Konsequenz aus dieser Empfehlung war die Veranstaltung der eingangs genannten fünf Workshops:

1992 in Edinburgh
1992 in Loccum bei Hannover
1993 in Sèvres
1994 in Wien

1996 in El Escorial bei Madrid

Auf all diesen Tagungen wurden von den Experten aus allen europäischen Ländern Grundfragen der Fremdsprachenerziehung in der Grundschule erörtert und anschließend zu Empfehlungen zusammengefaßt.

Ein weiteres Produkt der europäischen Bemühungen ist die Erarbeitung eines Kompendiums, das Bildungspolitikern und Lehrern in den Mitgliedsländern einen Überblick über die Grundideen und die wichtigsten Bereiche des frühen Fremdsprachenlernens gibt. Es erscheint zunächst auf englisch, trägt den Titel "Foreign Language Education in Primary Schools" und wird Anfang 1997 in Strasbourg publiziert werden.

Herausgeber sind

Peter Doyé	(Braunschweig) und
Alison Hurrell	(Aberdeen, Schottland).

Die zentralen Kapitel:

Manuel Tost Planet	(Barcelona):	Objectives and Contents
Lisbeth Ytreberg	(Tromso):	Methods
Rita Balbi	(Genova):	Resources, Media, Materials
Peter Edelenbos	(Groningen):	Evaluation and Assessment
Hanna Komorowska	(Warszawa):	Organisation, Integration, Continuity
Maria Felberbauer	(Wien):	Teacher Education

Das Kompendium kann als Leitfaden für die Einführung und den weiteren Ausbau des Fremdsprachenunterrichts in den europäischen Ländern dienen und von allen Interessierten vom Januar 1997 an über den Council for Cultural Co-operation, Strasbourg, bezogen werden.

Anhang: Fremdsprachenerziehung in der Grundschule - Länder-Überblick

Land	Grundschulzeit	Fremdsprachen -beginn	Sprachen	Anmerkungen
Belgien	6-12	5. Klasse	Französisch, Englisch, Holländisch, Deutsch	Eine davon obligatorisch

Bulgarien	6-10	5. Klasse	Englisch, Deutsch, Französisch, Russisch, Italienisch, Spanisch	Arbeitsgemeinschaften ab 1. Klasse
Dänemark	7-12	5. Klasse	Englisch	Obligatorisch
Estland	6-10	2. Klasse	Deutsch, Englisch. Französisch, Russisch	An vielen, nicht an allen Schulen des Landes
Deutschland	6-10			
Hessen		3. Klasse	Englisch, Französisch, Italienisch	Schulen entscheiden, welche Sprache
Nordrhein-Westfalen		3. Klasse	Begegnungssprache	An allen Schulen
Baden-Württemberg		3. Klasse	Französisch	Im Grenzgebiet
Niedersachsen		3. Klasse	Englisch, Französisch	Generelle Einführung 1995
Saarland		3./4. Klasse	Französisch	Seit 1989/90 an allen Schulen
Sachsen		3./4. Klasse	Sorbisch, Polnisch, Tschechisch, Englisch, Französisch, Russisch, Spanisch	Ab 1992 an allen Schulen, wo Lehrer zur Verfügung stehen.
Finnland	7-13	3. Klasse	Englisch, Schwedisch, Deutsch	

Frankreich	6-11	3./4. Klasse	Englisch, Deutsch, Spanisch	
Griechenland	6-12	4. Klasse	Englisch	
Großbritannien England Schottland Wales	 5-11 5-12 5-11	 5. Klasse 3./4. Klasse 3. Klasse	 Französisch Französisch, Deutsch, Italienisch, Spanisch Englisch	 Spezielle Projekte in Kent Schulversuche In zweisprachigen Schulen mit Walisisch als Muttersprache
Italien	6-11	3. Klasse	Englisch, Französisch, Deutsch	
Kanada	5-11	1. oder 3. Klasse	Englisch, Französisch	
Luxemburg	6-12	1./2. Klasse	Deutsch, Französisch	Obligatorisch
Niederlande	5-12	6. Klasse	Englisch	Obligatorisch
Norwegen	7-13	1. - 3. Klasse	Englisch	Örtliche Schulbehörden entscheiden
Österreich	6-10	3. Klasse	Englisch, Französisch, Kroatisch, Slowenisch, Tschechisch, Ungarisch, Slowakisch	Versuche ab 1. Klasse Italienisch ab 3. Klasse
Polen	6-10	Kein Alter festgelegt	Englisch, Russisch, Deutsch, Französisch	
Portugal	6-10	3. Klasse	Englisch, Französisch	Schulversuche

Rumänien	6/7-10/11	2. oder 5. Klasse	Französisch, Englisch, Russisch, Deutsch, Spanisch, Italienisch	Versuche mit Japanisch seit 1991. Chinesisch ab 1992
Rußland	6-10	2. Klasse	Deutsch, Englisch, Französisch	An den meisten Schulen. Außerdem: Versuch 1. Klasse
Schweden	7-12	1./2. oder 4. Klasse	Englisch	
Schweiz	6/7-12/13	1., 2. oder 4. Klasse	Französisch, Deutsch, Italienisch	Verschieden je nach Kanton
Spanien	6-12	3. Klasse	Englisch, Französisch	Obligatorisch ab 1994
Tschecho-slowakei	6-10	3. Klasse	Englisch, Deutsch, Französisch	Versuche ab 1. Klasse
Ungarn	6-10	3./4. Klasse	Englisch, Deutsch, Russisch, Französisch	Eine davon obligatorisch
USA	5/6-11/12	Kein Alter festgelegt; üblich: 1. oder 3. Klasse	Spanisch, Französisch, Deutsch	In der Mehrzahl der Schulen
Zypern	6-12	5. Klasse	Englisch	

Auswahl-Bibliographie "Fremdsprachen in der Grundschule"

(zusammengestellt von Katrin Reichel)

Die nachstehende Bibliographie enthält eine Auswahl von Titeln, die sich speziell mit dem Thema "Fremdsprachen in der Grundschule" beschäftigen. Dabei sind insbesondere Titel aufgenommen worden, die seit 1992 erschienen sind. In der Bibliographie sind desweiteren die zur Zeit zugänglichen ministeriellen Vorgaben bzw. Veröffentlichungen aus den Ländern der Bundesrepublik Deutschland aufgeführt.

Ahlig, Falko: Fremdsprachen ab Klasse 3. In: Grundschule, Heft 12/1993, S. 8 - 11.

Bahls, Gudrun/Phillip, Elke: Neue Hoffnungen für den Fremdsprachenunterricht ab Klasse 3. In: Fremdsprachenunterricht Heft 2/1992, S. 116-117.

Bebermeier, Hans: Begegnung mit Englisch, Beispiele für die Klassen 1 bis 4. Cornelsen Verlag Scriptor GmbH, Frankfurt/M., 1992.

Bebermeier, Hans: Begegnung mit Sprache(n) - Fremdsprachliche Lerngelegenheiten in der Grundschule. In: Die Grundschulzeitschrift, Heft 56/1992, S. 10-13.

Bertram, Markus: Englisch in der Grundschule - Spaß an fremden Sprachen. In: Zeitschrift Spielen und Lernen, Velber-Verlag, Heft 8/1996, S. 22-25.

Binninger, Dieter: How to become a knight - Story telling als Übung zum Hörverstehen sowie zur Präsentation von Unterrichtsergebnissen im Englisch-Unterricht der Grundschule. In: Pädagogische Welt. Heft 7/1996, S. 319-324.

Bliesener, Ulrich: Fremdsprachenunterricht in der Primarstufe. In: Fremdsprachenunterricht Heft 4/1993, S. 219-222.

Bludau, Michael: Der frühbeginnende Fremdsprachenunterricht in den Ländern der Bundesrepublik Deutschland - Eine Dokumentation . In: Neusprachliche Mitteilungen aus Wissenschaft und Praxis, Heft 2/1993, S. 74-85.

Borgwardt, Ulf: Frühes Russischlernen in der Grundschule? In: Fremdsprachenunterricht Heft 2/1994, S. 122-125.

Brusch, Wilfried: Fremdsprachenunterricht in der Grundschule - nach welchem Konzept? In: Neusprachliche Mitteilungen aus Wissenschaft und Praxis, Heft 2/1993, S. 94-100.

Burk, Karlheinz (Hrsg.): Fremdsprachen und fremde Sprachen in der Grundschule. Mehr gestalten als verwalten. Teil 9. Arbeitskreis Grundschule - Der Grundschulverband - Frankfurt/M., 1992.

Bürgerschaft der Freien und Hansestadt Hamburg: Mitteilung des Senats an die Bürgerschaft: Flächendeckende Einführung von Englisch in den Klassen 3 und 4 der Grundschule (Drucksache 15/1397 vom 14.06.1994)

Christ, Herbert: Fremdsprachunterricht in der Grundschule und die Folgen für den Fremdsprachunterricht in den Sekundarschulen. In: Praxis des Neusprachlichen Unterrichts Heft 2/1993, S. 122-130.

Doyé, Peter: Fremdsprachenunterricht auf der Primarstufe. In: Neusprachliche Mitteilungen aus Wissenschaft und Praxis, Heft 3/1991, S. 145-148.

Doyé, Peter: Systematischer Fremdsprachenunterricht vs. Begegnung mit Fremdsprachen. In: Neusprachliche Mitteilungen aus Wissenschaft und Praxis, Heft3/1992, S. 145-146.

Doyé, Peter: Fremdsprachenerziehung in der Grundschule. In: Zeitschrift für Fremdsprachenforschung, Band 4, Heft 1/1993, S. 48-88.

Ermert, Karl (Hrsg.): Frühes Fremdsprachenlernen - Schulreform für Europa. Loccumer Protokolle 63/1990 Evangelische Akademie Loccum, 1991.

Erziehung und Unterricht, Österreichische pädagogische Zeitschrift, Heft 2/3-1995 Themenheft - Frühes Sprachenlernen - Eine Chance?

Felberbauer, Maria: Frühes Fremdsprachenlernen an der Grundschule - eine Grundsatzentscheidung. In: Fremdsprachenunterricht Heft 38/1994, S. 117-121.

Fachverband Moderne Fremdsprachen (FMF): Stellungnahme des Fachverbandes Moderne Fremdsprachen zum Fremdsprachenunterricht in der Grundschule. In: Neusprachliche Mitteilungen 1993, S. 199.

Freudenstein, Reinhold: Kinder lernen fremde Sprachen - Leistungsdruck oder Bildungschance? In: Fremdsprachenunterricht Heft 2/1992, S. 83-86.

Gerngroß, Günter: Story telling im Englischunterricht der Grundschule. In: Der fremdsprachliche Unterricht - Englisch 5/1992, S. 18-20.

Gompf, Gundi (Hrsg.): Jahrbuch 90 - Kinder lernen europäische Sprachen e.V. Klett Verlag, Stuttgart 1990.

Gompf, Gundi (Hrsg.): Fremdsprachenbeginn ab Klasse 3 - Lernen für Europa. Cornelsen, Berlin 1992.

Gompf, Gundi/Meyer, Edeltraud (Hrsg.): Jahrbuch 96 - Kinder lernen europäische Sprachen e.V.: Fortschritte auf dem Weg zu einem frühen Fremdsprachenunterricht für alle. Klett Verlag, Stuttgart 1996.

Haenisch, Hans/Thürmann, Eike: Begegnungen mit Sprachen in der Grundschule. Eine empirische Untersuchung zum Entwicklungsstand, zur Akzeptanz und zu den Realisierungsformen von Begegnung mit Sprachen in den Grundschulen Nordrhein-Westfalens. Landesinstitut für Schule und Weiterbildung, Soest 1994.

Hegele, Irmintraut u.a.: Kinder begegnen Fremdsprachen. Westermann, Braunschweig 1994.

Hegele, Irmintraut (Hrsg.): Fremdsprachenbegegnung in der Grundschule. Körner Verlag, Kiel - Kronshagen 1994.

Hessisches Kultusministerium: Rahmenplan Grundschule. Wiesbaden 1995

Hellwig, Karlheinz: Fremdsprachen an Grundschulen als Spielen und Lernen. Dargestellt am Bsp. Englisch. Hueber-Verlag, Ismaning 1995.

Herrmann-Brenneke, Gisela: Sprachsensibilisierung in der Grundschule. In: Neusprachliche Mitteilungen aus Wissenschaft und Praxis, Heft 2/1993, S. 101-109.

Jaffke, Christoph: Zwei Fremdsprachen für alle ab der ersten Klasse. Aus den 70jährigen Erfahrungen der Waldorfpädagogik. In: Grundschule Heft 12/1993, S. 21-23.

Jaffke, Christoph: Fremdsprachenunterricht auf der Primarstufe. Deutscher Studienverlag, Weinheim 1994.

Kahl, Peter W./Kuebler, Ulrike: Englisch in der Grundschule und dann? Evaluation des Hamburger Schulversuchs - Englisch ab Klasse 3. Cornelsen, Berlin 1996.

Karbe, Ursula: Fremdsprachenlernen gehört in die Grundschule. In: Fremdsprachenunterricht Heft 7/1993, S. 438.

Kasper, Hildegard/Kullen, Siegfried: Europa für Kinder, Unterrichtspraxis Grundschule. Diesterweg, Frankfurt/M. 1992.

Kubanek-German, Angelika: Geschichten und narrative Prinzipien. Überlegungen am Beispiel des frühen Fremdsprachenlernens. In: Der fremdsprachliche Unterricht - Englisch 5/1992, S. 11-17.

Kühl, Reinhard: Fremdsprachen in der Grundschule - Ein Überblick. In: Grundschulzeitschrift Heft 56/1992, S. 22 f.

Landesinstitut für Lehrerfortbildung, Lehrerweiterbildung und Unterrichtsforschung von Sachsen-Anhalt (LISA): Handreichungen für den Begegnungsunterricht Englisch in der Grundschule, 1995.

Landesinstitut für Schule und Weiterbildung (Hrsg.): Begegnung mit Sprachen in der Grundschule. Reader. Lehrerfortbildung in Nordrhein-Westfalen, Soest 1994.

Maier, Wolfgang: Fremdsprachen in der Grundschule. Langenscheidt, Berlin, München 1992.

Meyer, Edeltraut/Kodron, Christoph (Hrsg.): Jahrbuch 93 - Kinder lernen europäische Sprachen e.V.: Fremdsprachenunterricht in den Primarschulen Europas. Klett-Verlag, Stuttgart 1993.

Ministerium für Bildung und Sport Saarland: Richtlinien für den Französischunterricht in der Grundschule. Saarbrücken 1994.

Niedersächsisches Kultusministerium: Didaktisch-methodische Empfehlungen für das Fremdsprachenlernen in der Grundschule, Hannover.

Pelz, Manfred: Thesen zu einer Begegnungssprache in der Grundschule. In: Neusprachliche Mitteilungen aus Wissenschaft und Praxis, Heft 45/1991, S. 88-93.

Pelz, Manfred: Zu Peter Doyé: Systematischer Fremdsprachenunterricht vs. Begegnung mit Fremdsprachen. In: Neusprachliche Mitteilungenaus Wissenschaft und Praxis, Heft 3/1992, S. 167-168.

Pelz, Eva und Manfred: Lerne die Sprache des Nachbarn. Dimension eines Partnerschafts- und Begegnungsprogramms. In: Grundschule Heft 12/1993, S. 25-30.

Phillip, Elke/Steinbach, Gudrun: Frühes Fremdsprachenlernen in Europa - Wiener Internationale Expertengespräche. In: Fremdsprachenunterricht Heft 17/1994, S. 66-67.

Piprek, Ina: Erste Erfahrungen im Englischunterricht in den Klassen 3 und 4. In: Fremdsprachenunterricht Heft 2/1992, S. 87-90.

Piepho, Hans Eberhard: Englisch in der Grundschule. Handreichung und Materialien für den Fremdsprachenunterricht in der Grundschule. Kamp-Verlag, Bochum 1992.

Reichel, Katrin: Begegnungssprache in Sachsen - fremde Sprachen in der Grundschule. In: Neue Praxis der Schulleitung, 28. Ergänzungslieferung, Ausgabe Sachsen, Raabe 1995, F 1. 7, S. 1-12.

Rück, Heribert: Fremdsprachenunterricht in der Grundschule: Fragen der Lehrerbildung und des Übergangs vom Primar- in den Sekundarbereich. In: Neusprachliche Mitteilungen aus Wissenschaft und Praxis, Heft 3/1994, S. 152-157.

Reform der Grundschule - Sprachen gehören dazu. In: Deutsche Lehrerzeitung 44/1994, S. 4-5 . Beiträge red. bearbeitet.

Runderlaß des Kultusministeriums Mecklenburg/Vorpommern vom 10.07.1992 (Mittbl. M-V.KMNr. 10S.507)

Sauer, Helmut: Fremdsprachlicher Frühbeginn in der Diskussion - Skizze einer historischen Standortbestimmung. In: Neusprachliche Mitteilungen aus Wissenschaft und Praxis, Heft 2/1992, S. 85-933.

Schmitt, Rudolf u.a.: Grundschule in Europa - Europa in der Grundschule. Beiträge zur Reform der Grundschule 83/84. Arbeitskreis Grundschule e.V. - Der Grundschulverband, Frankfurt/M. 1992.

Schrand, Heinrich: Zehn Thesen zum Fremdsprachenunterricht ab 3. Schuljahr. In: Fremdsprachenunterricht Heft 2/1991, S. 76 ff.

Schröder, Konrad: Nicht A oder B, sondern A plus B. Gedanken zum Fremdsprachenlernen ab Klasse 3. In: Neusprachliche Mitteilungen aus Wissenschaft und Praxis Heft 2/1993, S. 72-73.

Schröder, Konrad: Kasseler Leitlinien des Fachverbandes Moderne Fremdsprachen für den Fremdsprachenunterricht. In: Neusprachliche Mitteilungen aus Wissenschaft und Praxis, Heft 3/1996, S. 142-145.

Seebauer, Renate: Englisch auf der Grundstufe I. In: Neusprachliche Mitteilungen aus Wissenschaft und Praxis, Heft 3/1996, S. 176-179.

Sekretariat der KMK: Empfehlungen zur Arbeit in der Grundschule (Beschluß der Kultusministerkonferenz vom 02.07.1970 i. d. F. vom 06.05.1994)

Sekretariat der KMK: Überlegungen zu einem Grundkonzept für den Fremdsprachenunterricht mit Gutachten zum Fremdsprachenunterricht in der BRD.

Staatliches Institut für Lehrerfort- und Weiterbildung Speyer/ Rheinland-Pfalz: Entwicklung und Erprobung eines didaktischen Konzeptes zur Fremdsprachenarbeit in der Grundschule - Abschlußbericht. SIL Saarburg, Dezember 1995.

Staatsinstitut für Schulpädagogik und Bildungsforschung München: Handreichung für den Fremdsprachenunterricht in der Grundschule. Englisch-Französisch-Italienisch. München 1994.

Steinbach, Gudrun: Überlegungen zur Ausbildung von Lehrer für den Fremdsprachenunterricht an der Grundschule. In: Fremdsprachenunterricht Heft 6/1994, S. 458-461.

Straube, Dieter: Lernpsychologische Gründe für einen obligatorischen Fremdsprachenunterricht in der Grundschule. In: Fremdsprachenunterricht Heft 6/1992, S. 356 -359.

Sächsisches Staatsinstitut für Bildung und Schulentwicklung-Comenius-Institut: Handreichung für die Grundschule. Tschechisch als Begegnungssprache. Dresden, 1992.

Sächsisches Staatsministerium für Kultus: Lehrplan Grundschule Begegnungssprache Klasse 3 und 4. Dresden, 1992.

Tenfelde, Gabriele: Stilleübungen und Phantasiereisen im Englischunterricht der Grundschule. In: Fremdsprachenunterricht Heft 39/1995, S. 345-347.

Thüringer Institut für Lehrerfortbildung, Lehrplanentwicklung und Medien (Thillm): Empfehlungen für den Englischunterricht in der Thüringer Grundschule, Impulse - Heft 3/1994.

Thüringer Institut für Lehrerfortbildung, Lehrplanentwicklung und Medien (Thillm): Empfehlungen für den Russischunterricht in der Thüringer Grundschule, Impulse - Heft 9/1995.

Thürmann, Eike: Frühes Fremdsprachenlernen. Reformstrategien und gesellschaftliches Bewußtsein. In: Ermert, K. (Hrsg.): Frühes Fremdsprachenlernen - Schulreform für Europa. Loccumer Protokolle 63/1990 Evangelische Akademie Loccum, 1991, S. 141-148.

Waas, Ludwig: Storytime - Geschichten im englischen Anfangsunterricht. In: Pädagogische Welt, Heft 7/1996, S. 313-318.

Weisgerber, Bernhard: Sprachreflexion durch Sprachbegegnung. In: Grundschule Heft 1/1992, S. 15-18.

Wolff, Dieter: Sprachbewußtsein und die Begegnung mit Sprachen. In: Die Neuen Sprachen, Heft 6/1993, S. 510-531.

Autorinnen und Autoren

Peter Doyé ist Professor für Englische Sprache und ihre Didaktik an der Technischen Universität Braunschweig.

Dr. Elke Ehrlich arbeitet im Sächsischen Staatsministerium für Kultus.

Dr. Birgit Gütersloh ist wissenschaftliche Mitarbeiterin im Fach Schulpädagogik an der Universität Bayreuth.

Konrad Hamann ist Grundschulreferent im Niedersächsischen Kultusministerium.

Dr. Graziano Priotto ist Lehrer für muttersprachlichen Unterricht in Radolfzell und Lehrbeauftragter an der Universität Konstanz.

Dr. Katrin Reichel arbeitet im Sächsischen Staatsministerium für Kultus und ist Leiterin der Arbeitsgruppe Begegnungssprache im Sächsischen Staatsministerium für Kultus.

Sabine Reiter ist Lehrkraft für besondere Aufgaben am Lehrstuhl für Englische Sprache und Literatur und ihre Didaktik an der Technischen Universität Dresden.

Dr. Antonio Riccò ist Schulreferent am Italienischen Generalkonsulat in Hannover.

Dr. Uwe Sandfuchs ist Professor für Grundschulpädagogik und Historische Pädagogik an der Technischen Universität Dresden.

Dr. Bernd Voss ist Professor für Englische Sprache und Literatur und ihre Didaktik an der Technischen Universität Dresden.